ドナルド・トランプ 黒の説得術

浅川芳裕

東京堂出版

はじめに

ドナルド・トランプについて興味はあるけど、わからない。暴言ばかり吐いているのに、なぜ人気があるのか。彼が大統領になったら、日本、世界はどうなるのか。わからないことだらけだ。

本書はそんな人のために書いた。

筆者も最初はその一人だった。

世の中でいろいろなトランプ解説がなされている。しかし、そうした情報に接すれば接するほど、ますますわからなくなる。なぜか。トランプの本質がわかっていないからだ。

トランプの演説や討論会をくまなく見ていった結果、その答えがわかった。

トランプは、「話術」のとんでもない達人であり、「説得術」のとてつもない天才なのである。

どこがそんなにすごいのか。

彼が駆使する技術があまりにも自然で、巧みすぎ、誰もそのすごさに気づけないぐらいのレベルに達しているのだ。

だから、誰もトランプがアメリカ大統領候補になると予測できなかったのである。

トランプは、予想に反して共和党予備選を勝ち上がり、アメリカ大統領候補に名乗りを上げた。しかも、乱立した候補者の中で断トツの投票数を獲得した。その数1330万票で（2位は760万票、3位は420万票）、ブッシュが2000年に記録した過去最高の1190万票を100万票以上も上回った。**トランプは共和党の歴史上、最も人気を獲得した人物なのだ。**

説得術を強みにしたトランプ人気は、従来の政治評論やメディア報道といった手法では、正確にとらえることができない。

トランプのすごさは、オバマ大統領の話術と比較すればよくわかる。世界中から演説の達人と絶賛されてきた、あのオバマである。

オバマは説得力によって感動させ、聞き手の心に影響を与えていく。それに対し、トランプは聞き手がまったく知らぬ間に影響を与える。**耳に入るトランプの話はバカげていて、とても説得力があるとは思えない。感動さえしない。にもかかわらず、無意識のうちに聞き手の心に忍び込んでいき、気づいたときにはトランプの虜になってしまう。**

どちらのほうが恐るべき話術かは、答えるまでもなかろう。トランプ説得術は別格なのだ。「気づかれない」「知らぬ間に」は、トランプ説得術における真髄である。読者も本書を読んで、その隠された数々の技法を自由自在に操られるようになれれば、人前で話す際、論理矛盾や説明不足も問題でなくなる。暴言やバカ話もしたい放題である。なのに、無意識のうちに相手を説得できている。

このトランプの〝黒の説得術〟のテクニックを公開、解説するのが本書の目的である。

詳しくは本文で紹介するが、トランプが駆使する技術の基本原理はじつにシンプルだ。古代ギリシアから伝わる弁論術、現代の心理学、言語学、最新のブランド理論、自己啓発思想などの教えを独自に組み合わせ、トランプはそれを愚直に実践している。

こうした本書が解説していく技術は、日常生活でも役に立つ。効果はすでにトランプが示しているからだ。一般人のわれわれは大統領と違って、何千万人の支持や人気を得る必要はない。身近な数人や多くて数十人を説得する術が得られれば十分である。

そのためには、本書で示すトランプの技術のごく一部でも実践すればいいだけだ。

たとえこのテクニックを積極的に使わなくても、トランプの説得術を少しでも理解することは人生にとって重要だ。

日常生活でも職場でも、トランプのように知らぬ間に人の心に入り込む人物がいる。バカげた言動を繰り返しているのに、周りがどんどん影響されてしまう。ついにはあなた自身もその軍門に下ってしまう。挙句の果てには、世界が混とんとしていて、自分がその混乱の真っただ中にいるように感じられるようになる。そんな人生、お先真っ暗だ。

そうならないためにも、**少なくとも影響を与える側の話術、説得術を知っておけば、護身術**

として使える。たくましく生きていくための必須のスキルである。

しかし、日本でトランプといえば、暴言や毒舌ばかりが取り上げられ、きわめて評判が悪い。取り上げられたとしても「トランプが大統領になったら日本はどうなってしまうのか」といった不安視する論評ばかりだ。

そう思っている時点ですでにトランプの術中にはまっている。トランプが悪口を言うのは、自分の存在感を高めるのに用いる、彼独自の〝悪口〟説得術テクニックであり、またわれわれが不安を抱いてしまうのはトランプ得意の〝脅迫論証〟話術を駆使した成果が出ているだけだ。

このように、トランプは大統領になる前から、世界中に影響を与えている。

トランプの狙いどおりである。「知らぬ間に説得できる」ことをねらって意図的に発言しているのだから、当然だ。**言っていることの中身など、じつはたいした問題ではない。そもそもトランプの発言の「70%が事実にもとづいていない」**（ポリティファクト調べ、2016年9月26日現在）**のだ。**

トランプの術中にはまらないために、5つのポイントがある。

第一に**「感情を支配する」技術**を理解することだ。**1章**において、トランプが大統領予備選の討論会でみせたそのスキルの全体像を解説する。

「人間心理の理解力」も重要だ。**2章**ではトランプの説得術に**隠された心理テクニック**をひもときながら、実際の話術を解析していく。

人を説得するには綺麗事だけでは済まされない。それが3つ目のポイントだ。トランプが最も得意とする〝黒の〟説得術である。その核心に迫るのが**3章と4章**だ。トランプは悪態の名人である。政敵ヒラリー・クリントンをはじめ、政敵に浴びせてきた数々の悪口や嫌なあだ名を解析する。4つ目のポイントは、黒の説得術の背後にある。あだ名ひとつ付けるにしても、トランプは緻密なマーケット調査と戦略的なブランド構築のプロセスを怠らない点だ。

5章では、トランプの「黒の説得術」の源をたどっていく。暴言や悪態といったネガティブな印象とは裏腹に、その秘密は彼の超ポジティブ思考法がベースにある。ポジティブ思考とネガティブ発言の相関関係を理解することで、**説得・支配する側の人間の心の闇**がみえてくる。

最終章では「新たなトランプ像」に迫りたい。

以上のトランプ説得術は独特すぎて、とても真似できないと思われるかもしれない。しかし、**カオスのような現代世界を生き抜くには、カオスのようなトランプ説得術こそが本領を発揮する**。

本書をじっくり読めば、トランプについての見方が変わるだけでなく、その老練な説得術を身につけられる。そして、これまで信じていた世界の見方さえも変わるかもしれない。

1章　感情を支配するトランプの説得術

2章 トランプの話術に隠された心理テクニック

3章

クリントンを陥れたトランプの「黒ブランド」戦略

4章

悪口を人気に変えるトランプの錬金術

5章 トランプの超ポジティブ思考法

1章

感情を支配するトランプの説得術

■トランプのどこが「別格」なのか

トランプが登場したテレビ討論会（2015年8月6日、共和党の大統領予備選候補者間で実施）を初めてネット中継で視聴したときの驚きは忘れられない。

壇上には、アメリカの保守層を代表する10人のそうそうたる政治家や実業家、医師が並んでいた。それぞれ考え抜いた個別の政策を引っ提げ、合理的な主張を展開していた。

しかし、トランプの発言は別格だった。これでは彼を打ち負かす対立候補は存在しえない。それぐらい強い印象をうけた。

これは、そののち12回も続く討論会の初回だというのに、彼の勝利はそのとき確定していた。

トランプのどこが別格なのか。

ほかの候補者たちは、アメリカの「財政問題」「外交問題」「健康保険制度」「妊娠中絶の是非」といった難しくて抽象的な議論を展開した。

しかしトランプは、そんなテーマは選ばない。

「国民の安全と職を守る」シンボルとして「国境の壁」建設提案を行った。

そして、「アメリカを再び偉大な国にする」という大きなビジョンを提示した。

その後、討論会においても、ほかの候補者が個々の論戦に勝つことを目的としていたのに対し、トランプのねらいは違った。

トランプは討論会の真の目的は、壇上にいる候補者の中で誰が大統領に最もふさわしいかを国民に問うことだと気づいていた。

本来、政治家の任務はこうした国民の共通課題をみつけ、それを国民のみんなに伝えて、最後は票をもらい、解決していくことにある。

トランプはこの目的と任務をしっかりと意識し、討論会の場で国民の心理に入り込むことに、ただひとり成功した。

討論会直後に行われる視聴者投票では当然、トランプが討論会の勝者に選ばれた（ドラッジ・レポート調べ）。10人候補者がいる中、一人で約40％の票をえた。残りは10％台が2名、10％未満が7名という結果となった。完全なる一人勝ちである。

この討論会以後、全米の世論調査でもトランプの支持率は急上昇した。事前の世論調査では支持率は拮抗（2位と2％差）していたが、12％差まで一気に引き離した（米調査機関パブリック・ポリシー・ポーリング）。

■かならず勝てるテーマを提示

トランプが型破りだった点はそれだけではない。

大統領選の討論会とはいえ、テレビ番組である。テーマもテレビ局が用意する。しかし、トランプはそれをぶちこわした。

トランプが「国境の壁」というフレーズで提起した1200万人を超える不法移民問題やテロリスト密入国問題は、局が用意したテーマではなかった。彼が本番直前に、突然いい出したのである。

しかし、それは国民にとってはなにより切実で、インパクトのあるテーマだった。

そこで司会者は、急きょ台本にはなかったそのテーマを取りあげて、ほかの候補者に「トランプ氏はこう解決策を示している。あなたならどうする？」という風に投げかけた。

台本にないことを急にいわれて候補者たちはあわてた。しかし、そこでことばにつまるわけにはいかない。口々に思いつきの案を述べたり、トランプの荒唐無稽に思えるプランを批判したりして、その場を必死にやり過ごそうとした。しかし、そのあわてぶりは画面を通じて視聴者に伝わってしまう。

一巡して次の発言の機会が回ってきたトランプは、こう語りはじめた。

「この問題は私が取り上げるまで、壇上にいる誰の頭にもなかった。誰も不法移民についてまったく話題にすらしていなかった。（中略）私の提案する国境の壁は大きくて、美しく、ドアがついている。だから人々はわが国に合法的に入国できる」（2015年8月6日、FOXニュ

ース共和党討論会での発言。傍線は筆者。訳は特に明記がない限り筆者による、以下同）

トランプは勝ち誇っていた。当然である。自ら周到に準備したテーマであり、答えもあらかじめ準備していたからだ。

つまり、**トランプは自分が優勢になるテーマを選んで論戦に挑み、勝利したのだ。負けるテーマはハタから選ばない。**

もちろん、どんなテーマでもいいわけではない。テレビ局や視聴者の耳目を集めるテーマでなければ、取り上げてもらえない。挑発的で、物議を醸しだすものでなければならない。

その証拠に、トランプの「国境の壁」案はいまも議論の的になっている。賛否両論はあれ、知らぬものはいない。ほかの候補者が提示した緻密な政策のなかで、視聴者の記憶に残っているものはあるだろうか。

それは民主党から選ばれたクリントン候補の政策や言動よりも大きなインパクトだった。クリントン候補の発言で、何か読者の印象に残ったものはあるだろうか。

「アメリカ初の女性大統領誕生なるか」というメディアが設定した焦点にはなっていても、それは性別の問題で、本人が提示した論点ではない。

■ビジュアル的なことばで感情を刺激

記憶に残るのは挑発的なテーマのせいばかりではない。

トランプの話し方は、とてもビジュアル的なのだ。たとえば先ほどの、メキシコ国境に築くという壁のことでも、

（その壁は）「大きい」「美しい」「ドアがついている」

と、小学生が聞いてもイメージが浮かぶような話し方が特徴なのである。

それは企業のプレゼンにおいてスクリーン上で新規事業などについてビジュアル的に説明するのとはまったく違う。

トランプは、最初からビジュアル化しないと理解されないような難解なことや、複雑なことは一切述べない。発することば自体がすでにビジュアル的で、追加説明を要しないのである。

このためトランプの提示する解決策は、単純化されすぎて、実現不可能に見えるものも多い。悪くいえば、見え透いた嘘にさえ思われることもある。「非現実的だ」「敵対的すぎる」「財政負担が大きい」といった批判をうけがちだ。

だが、そのぶん、はっきりとした輪郭があり、聴衆に与えるインパクトは大きい。そこには

自分にまかせれば大丈夫、まちがいないと印象づける力強さがある。**計算されたビジュアル化が、聞き手にアピールする**のだ。

過激派組織「イスラム国（ＩＳ）」にどう対応するかとの質問に対しても、同様だ。

「彼らは首をちょん切り、人々をカゴに入れておぼれ死にさせている。そのかたわらで夕食をとりながら『アメリカ人は弱くて、ソフトで、哀れだ』とおしゃべりしているんだ」（２０１６年３月９日、「ＣＮＮ」インタビュー）

など、その場面をビジュアル化しやすい表現を多用する。

視聴者は報道やネットで「イスラム国」が発表する生々しい映像をみている。そのためその恐怖には具体的なビジュアル・イメージがともなっている。トランプはそのイメージを利用して、人々の想像力を刺激しているのだ。

一方、ほかの候補者は「彼らは危険だ」「国際社会にとって脅威だ」「安全保障レベルを高めなければならない」というありがちな答弁をする。それは「ビジュアル的」とは対照的な「概念的」な表現である。

しかし、強烈に残虐なビジュアルを提示する相手に対し、概念的な解釈や対処法を論理的に述べられてもインパクトはない。

トランプは、ビジュアルにはビジュアルで対抗しようとする。

ビジュアル的であるとは、感情を揺さぶる力、感情にじかに訴えかける力があるということだ。感情的になっている人間を説得するには、さらに大きな感情で揺さぶってやるほうが有効なのだ。

■つねに勝つことを「保証」

聞き手に感情移入を求める手法は、広告研究からも理にかなっている。

「感情に訴求する広告は、事実や信憑性を提示する広告より2倍も宣伝効果がある」という研究結果もある。

理屈や事実ではなく、とにかく感情を揺さぶる。

「イスラム国」による残虐行為や、テロリストの密入国問題など感情を刺激されるようなニュースの多い現代では、正論による説得は大衆へのインパクトに欠ける。

それより、感情には感情をかぶせる。それは、広告が得意とする手法だ。

たくさん商品を売るためにはよい広告が必要なように、政治家にとってより多くの票をえるためには、よいプレゼンテーションをしなければならない。

その点、トランプのプレゼン・スキルは高い。「広告屋にとって夢のような存在であり、政治コンサルタントにとって最高の商品である」といわしめるほどだ。

プロが仕掛けをしなくても、トランプはいとも簡単に聴衆を引きつけ、魅了するからだ。人を魅了する説得術のひとつに**「商品保証の連呼」**という技術がある。

「私が大統領になれば、われわれは勝って、勝って、勝ちまくる。みんな勝利に飽きるぐらい勝ちまくる」（２０１６年5月26日、モンタナ州での演説）

という連呼だ。トランプは、貿易でも軍事でも保険制度でも、すべての分野で、いつも勝つことを保証してくれる。

他の政治家ならば、政府は国民とともに努力し、苦難を乗り越えて、一定の目標を達成できるといった主張をする。しかしトランプは違う。みんながほしいものを、なんでもかんでもいとも簡単に約束してくれるのだ。

話が単純すぎて、こんなメッセージに人は本当に影響をうけるのだろうか。

ところが、これがかえって効果的だったのだ。

■テレビ通販の手法

トランプの主張は、テレビ通販のメッセージに似ている。

健康機器のテレビ通販では「痩せる」「キレイになる」「腹筋が割れる」など、手をかえ品をかえ、実例をまじえてメッセージを連呼し、商品の効果をアピールする。

「そんなにうまくいくはずはない」と思っても、いつの間にか大勢の人が携帯を手にとり、フリーダイヤルにかけてしまう……。

説得というのは意識下で起こる。抑えきれない笑いのように、意識の下の感情に直接働きかけているからだ。

政治の商品である政治家選びにおいても、このような構図は変わらない。いい指導者を選ぶという判断は、理性の結果ではない。受動的で、本能的な感情の産物だ。じっくり考えて結論を出す前に、すでに感情が判断をしてしまう。

トランプはそのような心のはたらきを利用して、人々にアピールをしている。

では、商品（トランプ）は何を保証してくれるのか？　それは、**「われわれは勝つ！」**という事実であり、そしてその結果として、選挙スローガンでうたっているように、**「アメリカを再び偉大な国にする」**である。

国民一人ひとりのレベルでは「仕事が増える」「金持ちになる」ことを指す。

しかも、「われわれは勝つ！」という、勝利に向けての努力は、トランプという商品に任せっきりでいい。商品がうたうその実例として、トランプは、実生活でもって**「私はほかの誰よりも成功している」「信じられないくらい金持ちだ」**と証明してくれている。

だからといって、その事実は3億人のアメリカ人の集合体である「アメリカを偉大な国にする」根拠にはならないが、そこは「任せっきり」でいい。

通販商品でも「任せっきりでいい」はキーワードだ。

あるマシーンの振動に任せておけば「痩せる」。その結果「キレイになる」。

同じように、任せておけば「腹筋が割れ」、その結果「モテる」。トランプがアピールしているのも、そういうことだ。

つまり、**トランプはテレビ通販の政治版なのだ。**

討論会などの舞台で、トランプという「商品」をたっぷりアピールした結果、通販で注文の電話が鳴りやまないように、トランプに投票するために**「何百万人もの人々が共和党に殺到した」**（2016年3月3日、FOXニュース共和党討論会）のだ。

しかも、通販商品より安い。投票はタダだ。

■「他力本願」を叶える

トランプは、テレビ通販の政治版といっても、政治と広告をいっしょくたには論じられない、という意見もあるだろう。

しかし、**人間の脳みそは、接触する情報対象によって処理方法をスイッチングするほど賢くない。**

しかも、どちらの根底にも、「他力本願」がある。

つまり、自分が必死で頑張らなくても、あなた任せにしてしまえば勝手に結果がついてくる、ということだ。しかも、トランプは宗教より気軽な存在だ。

トランプが大統領になってうまくいかなくても、買い替えればいい。

本書でこれから述べていくように、トランプという商品は、勝手に自分でバージョンアップをしていくし、モデルチェンジも自由自在な、実に便利な存在なのだ。

神を頼るよりずっとカジュアルに願いを叶えてくれそうな存在なのである。

トランプが「広告屋にとって夢のような存在」なのは、本番のプレゼンテーションのうまさだけではない。ソーシャル・ネットワーキング・サービス（ＳＮＳ）を通じて商品の自己宣伝をいとわない点も、評価されている。日夜を問わず、ツイートと自分への支持メッセージをリツイートする。意外にマメなのだ。

本人も「忙しい昼間はアシスタントに口頭で伝えて入力してもらっているが、家に帰ったら、毎晩、自分でやっている。真夜中までツイッターやっていると、『お父さん、やりすぎよ』と娘に注意されることもある（笑）」（2016年4月12日、「CNN」インタビュー）と語っている。

メディアや著名なトランプ不支持者への反論もまめにやっている。

トランプは自身のテレビ番組の中で**「あなた自身で戦わなければならない。他人は誰もあなたのために戦ってはくれないのだから」**（「アプレンティス」エピソード5）と述べているが、それを日々実践しているのである。

トランプのSNSに対する姿勢は極めて前向きだ。**「ツイッターはすごい。みんなに伝えることができる」**（2016年1月31日、「CBS」インタビュー）と素直に語っている。

現在、トランプ公式フェイスブックの「いいね！」数、ツイッターのフォロワー数はそれぞれ1069万人と1155万人（2016年9月17日現在）となっている（ヒラリー・クリントンのそれぞれ1・9倍、1・3倍の人数だ）。

■トランプが使う3段階の感情支配テクニック

広告研究者（フロリダ大学ジョン・モリス教授）によれば、テレビやネットを通したトランプのスピーチは、支持者の感情を3つの段階で刺激している。

その3つとは広告業界でいう、**「アピール」「エンゲージメント」「エンパワメント」**である。「アピール」より「エンゲージメント」のほうが、そして「エンゲージメント」より「エンパワメント」の方が影響力は強くなる。

第1段階のアピールとは**「強く心に食い入ること」**だ。肯定的か否定的かにかかわらず、重要なのは、心に食い入ることだ。トランプの発言はこの点を楽々とクリアしている。

第2段階の「エンゲージメント」とは、**アピールによって心に食い込んだメッセージが、個人的な感情に結びつく状態**だ。広告マーケティングの世界では「きずな」「つながり」「かかわり」と訳されることが多い。

エンゲージメントがうまくいっているかどうかは、現在では、SNSの発達で数値化できるようになってきている。

たとえば「フェイスブック」では、つながりの度合を把握するため『エンゲージメント率』を使用するのが一般的。エンゲージメント率は、1回の投稿に対して『いいね！』やコメント、シェアがいくつあり、ファン数全体の何パーセントに当たるかを表す指標だ」（日経BPコンサ

ルティング)

そこでトランプの公式フェイスブックをみると、クリントンに比べて、このエンゲージメント率が高い。しかも、トランプの演説に感情移入された聴衆は、トランプの代わりに行動に移る。トランプの動画を自分のフェイスブックに載せたり、彼のツイートの熱心なフォロワーになったりする。そして友人にトランプのよさを伝えようと、トランプのツイートのリツイートを繰り返すし、メッセージを拡散させる。

エンゲージメントはSNS上で数値化できる範囲にとどまらない。SNSを使っていない人々の心の中でも無数の「いいね!」の感情が湧き起こっている。それは口コミというかたちで、直接的に人から人へと伝わっていく。

ただし「アピール」と「エンゲージメント」までは他の政治家や個人、企業活動でも比較的多く見られる。しかし、そのさらに上を行く「エンパワメント」こそが、トランプの真骨頂である。

■「エンパワメント」——相手を自主的に動かす技術

「エンパワメント」とは「人々にパワー(能力や権限)を与える」という意味だ。

つまり、人が本来もっている可能性を引き出し、能力を開花させ、個人や組織、社会の成長に寄与することである。

エンパワメントする側からすれば、どれだけ人々に希望や勇気を与え、パワーを発揮させられるかどうかが鍵となる。

エンパワメントはかならずしもポジティブでなくてもよい。トランプの集会では、支持派と反対派が激しくやりあい、ときに暴動にいたることさえある。つまり、**トランプは人びとを暴力にかりたてるほど、聴衆の感情をつかみ、コントロールしているということである。その結果、大きなムーブメントに導くことができる。**

これは驚くべきことだ。考えてみてほしい。あなたは、自分のために暴力を行使するまで熱狂する人間を大量につくりだすことができるだろうか。

「民主化」や「反政府」といった大義のためならまだ理解できるかもしれない。しかし、トランプの主張は「アメリカを再び偉大な国にする」という曖昧模糊としたメッセージだ。それをほかのだれがいっても、おそらくぴんとこなかっただろう。

しかし、トランプは、この曖昧なメッセージで、国民の多くを動かしたのである。

人間はエンパワメントされると、勝手に目標を設定して、自主的に行動しはじめる。

トランプにエンパワメントされた人びともそうだ。彼らはだれに命令されることなく、自発的に政治運動をはじめ、トランプのメッセージを伝える宣伝活動に献身的に身を投じていった。

エンパワメントは実利面でも、有効である。

それは選挙費用を見ればわかる。トランプは多数の対立候補の中で、最も少ない予算でトップ当選をはたした。不動産王と呼ばれるほどだから膨大な個人資産をふんだんに選挙につぎこんでいると思われがちだが、そうではない。事実、2015年4月段階まで、トランプは選挙活動に1ドルも使っていなかった。

民主党から選ばれたクリントンと比較しても、トランプがいかに低予算の活動をしてきたかわかる。クリントンの3億ドルに対し、トランプは7300万ドル。4分の1以下だ（2016年7月現在）。

これこそ、お金をほとんど使わず、投票行動、拡散活動まで人々をエンパワメントしている証《あかし》である。

■「怒り」の感情に訴えかける

どうしてそんなことが可能なのか。

その答えは、**トランプの「怒り」の感情に訴えかけるストーリーをつくる技術にある。**

その能力を示すトランプの演説の一説と会場とのやりとりを再現してみよう（2015年12月4日、ノースカロライナ州での演説）。

「世界貿易センタービルは崩壊させられた。それは獣の仕業だ。彼ら（筆者注：アメリカ政府のこと）はその妻や家族をサウジアラビアに送り返してしまった。妻たちは夫たちが何をしようとしていたか知っていたんだ。なのに彼らのあとを追わなかった。彼らは何もしなかったんだ。われわれはもっと強く攻撃する必要がある」（傍線は筆者）

これを聞いた12歳の少女がトランプに質問した。

「私、怖いわ。この国を守るためにあなたは何をしてくれるの」

トランプは次のように答えた。

「あのね、お嬢ちゃん、もう恐れることはないよ。恐れるのは、彼らのほうなんだ。君が恐れることはないんだ」

トランプは人々を「彼ら」と「われわれ」の二つに分ける。そして、彼らが敗れ、われわれが勝つストーリーを提供する。

どうしてアメリカはこんなに情けない国になってしまったのか。移民に職を奪われていていていいのか。テロリストのいいようにされていいのか、と。そうした国民の潜在的な恐怖や怒りを巧みにすくいとり、感情として表面化させる単純なストーリーをプレゼンしているのだ。

このように人々の恐怖や怒りを掻き立てたアメリカ大統領予備選の候補者は過去にもいた。デマゴーグ（扇動家）と呼ばれたヒューイ・ロング、ジョージ・ウォレスなどだ。だが、本当に大統領選本選にたどり着いたのは、トランプだけだ。

トランプはただの扇動家ではない。

むしろ、ストーリーを売る天才なのだ。誰も買ったことに気づかず、たとえその感情の背景にあるものが虚偽だったり人種差別的だったりしても、無意識のうちに人びとがエンパワメントされてしまう。

■細部にこだわらない

しかし、トランプはストーリーの細部を語らない。むしろ、細部に対するこだわりのなさこそがトランプのアピールポイントといってもよい。

恐怖を抱かせたうえで、「勝利する」「アメリカを再び偉大な国にする」というシンプルな約束だけを国民に印象づけるのが、彼の戦略である。

これは小説の「黙説法」と呼ばれる手法に似ている。なにか謎があっても、ストーリーの中で種明かしせず、読者の想像にまかせるという方法だ。世界的なベストセラー作家の村上春樹も、この方法をよく用いる。核心には決して踏み込まず、読者の想像力をかきたてて、とりこにするのである。

トランプも同じ技術をつかっている。曖昧さを残すことで、本当は何をいおうとしているか聞き手に判断を委ねてしまうのだ。先ほどの演説でも、具体策をいっさい述べていない。

すると聞き手の心理の中で何が起こるのか。

聞き手一人ひとりが自分の信念に応じてトランプの発言を都合よく解釈し、つくりかえてしまうのである。そして、自分でつくりかえたトランプの発言の支持者になる。

いったん支持者になってしまったら、トランプ本人が何をいおうが関係ない。トランプの発言の意味は、支持者一人ひとりの信念に応じて解釈しなおされ、変容するのだ。

だから、トランプのいうことに矛盾があっても関係ない。「そうか、トランプはこういうことをいいたいのだ」と自ら解釈して盛り上がり、熱狂的なファンになっていくのだ。

■相手の不信感をとりこみ自分の力に変える

アメリカのマスコミでは、トランプの発言の首尾一貫性のなさがひんぱんに指摘されてきた。

しかし、日本でもそうだが、人びとは実際のところ、政治家の嘘にはもはや慣れっこだ。政治家が示した政策がたとえ実現しなかったとしても、有権者はたいして気にしない。政治とはそういうものだと思っているからだ。トランプだけではなく、すべての政治家は嘘つきなのだ。あえていうなら、トランプに対する批判は事実ベースのものだ。しかし、いくら事実に基づいて批判されても、トランプは無視する。そしてトランプの支持者は全く気にしない。

なぜか。

人々の想像力をかき立てるのは、完全な真実ではない。むしろ感情を刺激してくれることばだからだ。

メディアから事実ベースで答えないことを批判されたトランプは、こう反論する。

「メディアはこれまで神が創造した中で、最も不誠実な人々である」（2016年3月5日、フロリダ州ウェストパームビーチでの演説）

一般視聴者は多かれ少なかれ、メディアに不信感を持っている。

自分たちのことは棚にあげて、他人を徹底的に批判するメディアはそこまで偉いのか。内心どこかでそう思っている。

その心理をとらえて、トランプはメディアの不誠実さを断定する。

「最も不誠実」かどうかは誰もわからないし、当然、「完全な真実」とはいえない。

人々にとってトランプは、自分たちがふだん感じていることを代弁してくれて、さらに想像力をかきたててくれる存在なのだ。

「そうだ、オレたち（トランプと支持者）は正しかったんだ。それどころか、彼ら（メディア）はじつはもっとひどいことをやっているのではないか」

一瞬にしてこんなふうに思わせてくれるのだ。これがトランプの説得術のすごさである。

まずメディアという一見、知的で、華やかに見える世界について、トランプは**「最も不誠実な人々」**と断罪し、地べたに引きずり下ろす。さらに**「これまで神が創造した中で」**と壮大なビジュアル感を示す。この発言を聞けば、メディアの不誠実さに比べれば、トランプの〝悪〟などとるに足らないと感じるだろう。そして、メディアこそ批判されるべきなのだと、人々の攻撃の対象をメディアに向かわせる効果がある。

とはいえ、メディアも黙っていない。トランプの不適切発言を次々と追及していく。そんなメディアの姿勢に対してトランプはこう返答する。

「この国にある大きな問題は（とくにメディアが）〝政治的に正しくあろう〟とする点だ。私は

たくさんの人から（政治的に正しくないと）指摘をうける。率直にいって、私には〝完全な政治的な正しさ〟にかまっている時間なんかないんだ。もっとはっきり言えば、この国にもそんなことにかまっている時間はないんだ」（２０１５年８月６日、ＦＯＸニュース共和党討論会。括弧内は筆者注、以下同様）

自分の発言を問題視するメディアのあり方自体が、「アメリカの大問題」と定義し直しているのだ。しかし、そんなことより、自分にはアメリカのためにもっと重要なやるべきことがある。そう言っているのだ。

続けて、その理由を明かす。

「この国はたいへんなことになっている。この国は勝てていない。中国に負け、メキシコに貿易でも国境問題でも負けている。みんなに負けている」（２０１５年８月６日、ＦＯＸニュース共和党討論会）

これが、アメリカにとってより重要な問題である。にもかかわらず、些末《さまつ》な政治的な正しさばかり論じているメディアは不誠実だ。そう言っているのである。

■トランプの説得術──3つの技法

これまで述べてきたトランプの説得技法は、３つに整理できる。

1　挑発的で非常識なメッセージを感情に訴える。
2　詳細には決して触れない。
3　事実を徹底的に無視する。

まるで詐欺師やペテン師のマニュアルのようですらある。このような人物を大統領にしていいのだろうかと感じるかもしれない。

しかし、人間は非合理的なことや非理性的なことに大きな影響をうける。いや、むしろ理性的でないからこそ、魅力を感じるのだ。

しかも、そこに感情が介入する。揺さぶられた感情の前では、事実も論理も敵ではない。そして、この法則が最も有効なのが、政治である。

選挙において有権者の候補者選びの決め手となるのは「事実」ではない。とくに感情を刺激しない事実には有権者の多くは関心を持たない。「事実」が必要になるのは、当選後に政治の実務をするようになってからだ。

日本でも同じである。

２０１６年、小池百合子氏が当選した東京都知事選にしてもそうだ。小池氏は自民党の推薦をえずに立候補し、さらに都議会を敵に回すような発言を繰り返した。

それがかえって有権者の心情的な支持につながり、小池氏は当選した。

しかし、事実にもとづいて理性的な判断をするならば、小池氏は都議会の問題がどこにあるのか証拠を示さなければならない。しかし、誰もそんなことを求めなかった。

アメリカ大統領選では、討論会の開始前、支持率が最も高かった共和党候補者の一人は、ランド・ポール上院議員であった。ポール上院議員は最も理性的な候補と評価されていた。にもかかわらず、結局、前哨戦で消えてしまった。

撤退スピーチのあと、「なぜあなたよりトランプの方が人気者になったのか」と聞かれた彼はこう答えた。「なぜ人々がそんな選択（トランプ支持）をするのか、まったく答えがわからない」（２０１6年2月3日「ＡＰ通信」インタビュー）

ポールはトランプの説得術をまったく理解していなかったのだ。

ポールだけではない。17人の共和党候補者の中で、説得術を理解していたのはトランプだけだった。

そのことを見抜いていたのが、風刺漫画『ディルバート』の著者として有名なスコット・アダムスである。

出馬を決めたトランプが、暴言を吐きまくっていた2015年8月上旬時点で、アダムスはトランプが共和党の大統領候補になると予言していた。だれも彼のいうことを信じなかった。トランプは面白いが、所詮、クレイジーで、大統領選のピエロ役にすぎないとみなされていたからだ。

しかし、アダムスはそうは見ていなかった。それどころか、彼はトランプを次のように分析していた（2015年10月6日、「ReasonTV」インタビュー）。

「トランプは、プロの説得術師が彼と同じ立場であれば、やっていただろうすべてのことを着実に実行していたにすぎない」

「世の中には、『ことばの魔術師』が存在するという仮説がある。天賦の言語的な才能を持ちえた者が多くの人々に影響を与える」

「トランプはそのテクニックを意識的に使いこなしている。一般に気まぐれに発言しているとみなされている悪態や大言壮語は深いテクニックに基づいており、催眠術や説得術の分野で使われているものと同じである」

アダムスのこの見解を、彼のブログやインタビューをもとに、私見をまじえながら再構成してみよう。

■「決して謝らない」というテクニック

古典的な説得術に「決して謝らない」というテクニックがある。トランプはその達人だとアダムスは断言する。どれだけ「暴言だ」「差別だ」と世界中から批判されようとも、謝罪しない。トランプが謝罪会見する姿など、想像すらできない。

何があっても謝らないというのは、一般社会では性格の欠点とみなされる。しかし説得術の世界では異なる意味を持つ。

謝らない人物というイメージは、はじめはマイナスに映るかもしれない。しかし、それが一貫してしまえば、逆の効果を放つ。その人を変えようとすること自体が無意味になり、変わらない人物であることが定評になる。

決して謝らないことは、自分と世界の関係を変える。

謝らなくていいのだから、羞恥心も罪悪感も必要なくなる。

何でも自由に話せるようになる。

そして、発言が招くかもしれない結果も全く恐れなくなる。

そうした発言が繰り返されることで、いつの間にか、意志が固い人間だとみなされるようになる。あらゆることに動じない確固とした人物である、というポジティブな印象に変わるのだ。

決して謝らないし、決して変わらないのだから、当然だ。

さらにそれが続くとどうなるか。

決して謝ろうとしない人間に対峙し続けていると、相手を批判する気がだんだん失せていく。それどころか、反対に、ひょっとしたら自分の方が間違っているのではないかと疑い始めるのだ。

みなさんも、そんな経験はないだろうか。明らかに間違っていて、ばかばかしく聞こえることであっても、それだけ自信を持って確固たる真実のように繰り返し語られると、なんとなく不安になる。そんなことあるはずないと思いつつも、こちらの確信が揺らぐ。

頭の中で理性的な思考と非理性的な思考が混在し、正しくないと思いつつ、正しいふりをしておいたほうがいいかもしれない、と思い始めるのである。

つまり、荒唐無稽な話によって、自分の精神の均衡が失われてしまうのだ。相手が話すリアリティがあまりにも強烈なので、自分の現実認識のピントが狂ってしまう。

これがさらに進むと、洗脳にいきつく。

謝らず、決してぶれない人間は交渉事においても、格段に有利だ。そんな人物が交渉相手だとあらかじめわかっている場合、どうするのが得策か。

ふつうは相手の条件を呑んで、早めに妥協しようと考えるのではないだろうか。**どちらが正しいかどうかの問題ではない。選挙戦では、どちらが「強い」人間なのか、ということだけが問題なのだ。**

ここでいう「強い」とは、妥協しないことであり、「弱い」とは、他人の現実を少しでも受け入れたり、影響をうけたりすることである。

リーダーを選ぶ場合、人びとは「強い」人間と「弱い」人間のどちらを選ぶだろうか。選挙とは、強そうな人間を選び、統治を任せるプロセスである。だとすれば、当然、「強い」人間が有利になる。

もちろん、「謝らない」という方法だけで、トランプは多数の対抗馬を蹴落とすことができたわけではない。

彼には綿密に計算しつくした「説得の技術」があった。それは自分の選挙戦を「エンターテインメント・ショー」に仕立てあげたことである。

■3幕のエンターテインメント・ショー

トランプは、大統領になるまでの過程を3ステージに分けている。

ステージ1　立候補して共和党予備選で勝ち上がるまでの炎上商法

ステージ2　大統領本選に向けてのイメージ戦略（大統領らしさ）

ステージ3　本選（クリントンとの直接対決）でイメージ戦略どおりの姿を国民に示す

それぞれのステージでは、3つの異なるリアリティをエンターテインメント・ショーとして披露した。もちろん演出はトランプ自身である。

まずは第1ステージについてみていこう。

舞台は16人の対抗馬がいる混戦。雑踏のなかでは頭一つどころか、圧倒的な存在にならなければ注目が集まらない。そこで、トランプは政治的に正しいふるまいとされてきたルールのすべてを破った。

その手法とは、**政治家が言ってはいけないすべてを言ってしまうことだ。いわゆる過激な発言である。**

外国や宗教に敵対的な政策、戦争の英雄の名誉を傷つける表現、女性を侮辱する言い回し、など政治的タブーのオンパレードだ。

さらに対抗馬に悪態をつき、批判されれば、おちょくる。記者をののしり、怒鳴る。それどころか、自分の富や能力をひけらかし、自分以外のものは無能だと決めつける。

その結果が、予備選の圧倒的な勝利である。

これは一言でいえば、炎上商法だ。

本人も『Trump:The Art of the Deal』（取引の芸術）の中でこう述べている。

「いい宣伝は悪い宣伝より望ましいが、実用面から言えば、悪い宣伝はまったく宣伝されないよりずっといい。要するに、論争ネタは売れる」

結果は彼の言うとおりになった。

「悪い宣伝」の効果によって、トランプの主要テレビ局での露出度はずば抜けて高まった。トランプについての報道時間は、対立候補をすべて合わせた報道時間の25倍にも及んだのだ。しかし、炎上商法を1年近く続けるなど不可能である。ふつうの人間ならメディアからの追及が続けばどこかでボロが出て、退散してしまう。

トランプはそんなメディアの執拗な攻撃についても熟知している。自著でこう解説する。

「名が売れたら、簡単にメディアのターゲットになりやすい。有名人に少しでも陰りが見えてくると簡単に標的にされる。メディアというものはこれまで築き上げてきたものを引き裂こうとするものである。それがジャーナリズムの一要素で、報道されるのはヒーローか悪党、成功か失敗しかないのだ。有名人であればいつでもあなたにメディアの標準が合わせられるのだ」

（『Trump:How to Get Rich』）

いくらメディアを熟知していようがあれだけ過激な発言をすれば、ふつうならもたない。だが、なぜトランプは失言を繰り返しながら、メディアにつぶされず、大衆の支持を失わなかったのか。

それはトランプが炎上商法の裏で、緻密なマーケティング戦略を展開していたからだ。

彼は、中国やメキシコ、日本、イスラム教徒らを執拗にやり玉に挙げた。しかし、それに対して人道的な立場や事実に基づいてトランプへの反発が高まったとしても、トランプは気にしなかった。

なぜなら、トランプにとって重要なのは、アメリカ国籍のある有権者から共感をえることだからだ。彼が攻撃する外国人には投票権はない。

第1ステージのマーケティング上、彼の「クライアント」ではない人たちに対しては言いたい放題でも構わないのである。

■繰り返しの技術――好感度は関係ない

日本でも政治家の失言がよく話題になる。

失言がなされるのは、たいてい自分の味方ばかりが集まっている支持者向けの講演会のような場である。

そのような場では、みな同じ意見だから、対立する層を揶揄しても、反論する人はいない。むしろ、政治家はリップサービス代わりに、ふだん支持者たちが嫌っている人物を攻撃したりする。

しかし、トランプは、リップサービスを密室で行わない。全国民向けに堂々と語るのだ。その結果、リップサービスをうけた人々のトランプに対する共感度は上がる。

「ほかの政治家がいろいろなしがらみから発言できない本音を私たちに話してくれる人物だ」といった好印象だ。

同時に、トランプ発言はよく考えれば、ほとんど誰も傷つけていない。対立候補の政治家やトランプを責め立てる記者を除き、人物を特定して攻撃しているわけではない。

だからトランプの発言は論争になることはあっても、メディアが彼を失墜させるほど追及することはない。

国民の圧倒的な支持をえている人物に対して、メディアは弱い。しかも、センセーショナルな話題を提供してくれるトランプは視聴率につながる。すると、必然的にトランプが取り上げられる機会は増えていく。

この繰り返しが心理学でいう「**ザイアンス効果**」につながる。**ある人物の情報に繰り返しさらされていると、その人物をよく知っている気がしてきて、好感度が上がるという効果のことである**（１９６８年、アメリカの心理学者ロバート・ザイアンス論文）。

マスメディアやインターネットを通じて、人々は「自分はトランプのことを知っている」と感じるようになる。もちろん、違和感をもったり、反発を覚えたりする人も少なくないだろう。

それでも、日々トランプについての膨大な報道にふれているうちに、トランプのことをよく知っている気がしてきて、結果的にそれが好感度の上昇につながるのだ。

しかし、重要なのは感度である。人間は、相手のことを知った気にならなければ、好きにもならなければましてや嫌いにもなれない。**自分のことを知った気にさせて、相手の感情を揺さぶることが重要なのだ。その起伏が一定以上の感度に達すれば、好きと嫌いのどちらかはたいしたことはない。**

これはトランプの好感度・非好感度度調査からもわかる。支持率の上昇は必ずしも好感度の上昇とは比例しない。逆に支持率が上がっているのに、非好感度があがっていることもある。要するに、好感度を抱いていないのに、投票するとすればトランプだという人が出てくるのだ。

■演説の２つの話法──演説話法と随筆話法

人間の感情コントロールが巧みなトランプは、メディア・コントロールも巧みである。

ふつう、トランプほど辛辣で敵対的な単語を使えば、メディアに追い詰められて、撤退という事態に追い込まれかねない。

しかし、同じことばでもトランプの口から発せられると、そのうけ止められ方は変容する。どれだけひどいことば遣いでも、ちょっとしたからかいや冷やかしにしか聞こえない。話し方が気さくで冗談っぽく聞こえるので、観客もつい大目にみてしまうのだ。それぐらい彼のことばには「ゆるさ」があるのだ。

そのゆるさの秘密を弁論術からみてみよう。

一般的に演説における話し方は次の2種類に大別できる。

1　演説話法

2　随筆話法

演説話法は、政治家の演説や、重要な発表や講演などでよく耳にする話し方だ。起承転結をあらかじめ考え、その構成どおりに伝えるものだ。論理的であること、わかりやすいことが演説話法のポイントだ。ただ、話の内容がつまらないと、退屈で、紋切り型になりやすい。

随筆話法は、随筆を書くように「心に浮かんだこと、見聞きしたこと」をそのまま語りに転

換するスタイルである。論理性やわかりやすさよりも、人柄や語り口が重視される。そのため、途中で話が脱線しても、前後がつながっていなくても、聴衆はその即興性を楽しむようなカジュアルな雰囲気ができあがる。

トランプの話し方は随筆話法である。

トランプの演説は、話に矛盾が多い。今ここでした話と、別のところでした話との辻褄が合わないのだ。

だから、「あのときはこう言ったではないですか」とあとで追及されることになる。

しかし、トランプは気にしない。**「今はそんなことはない」**といとも簡単に否定する。

政治家の美徳とされている首尾一貫性に無頓着で、ただ思いついたことを言っているように聞こえる。

だが、じつはそうではない。

トランプの首尾一貫性のなさは、必要とあれば自分の言ったことを自由自在に変えられる「技術」なのである。それゆえ首尾一貫性のない人柄や人格を自己演出してきたのがトランプなのである。

このような自己演出は聴衆に対して、どういう影響をもたらすのか。

それは**「トランプはそういう人物なのだ」という印象を植え付けることによって、たとえ彼**

の発言の方向性が大きく変わったとしても、みな驚かなくなるのだ。

「あの人のことを信じていたのに、裏切られた」という気持ちを引き起こさないのである。発言の内容で腹を立てて、不支持にまわるという選択に結びつきにくいのである。ここでもトランプは聴衆の感情をコントロールしているのだ。

しかし、同じことをクリントンがしたらどうだろう。先週述べた見解と少しでも違うことを言えば、首尾一貫性のなさを追及され国際ニュースにもなる。それによってクリントンの支持者だった人が、不支持にまわることさえもありうる。その点、**トランプはより自由で、ある種のリスク管理にたけている人物なのだ。**

日本では失言が批判された政治家はよく、「メディアが一部を切り取って全体の文脈を理解していない」として反論する。しかし、トランプはそんなケチな反論はしない。もともとの話が個々のパーツを寄せ集めたものだから、当然話はあちこちへ飛ぶ。文脈などない。個々のパーツが全体構成とリンクしていないのである。

よって、一つひとつのパーツは独立していると同時に、その個々の内容も重要ではない。それぞれのパートが軽妙で軽口といっていいものだから、いくら批判しようが、視聴者は軽くうけ止めてくれるのだ。

メディアはそれほど支持率が下がらないのをみて、ターゲットを次の「失言」に変える。

日本のトランプ報道では、その失言の繰り返しの上っ面をなぞっているだけなので、実際の聴衆心理の深層が伝わってこない。

その背後にあるユニークな随筆話法という技術に、日本のマスコミは気づいていないのだ。

■トランプの随筆話法のテクニック

随筆話法はたんに失言回避のための小手先のテクニックではない。その技術と効果をまとめてみると、次のようになる。

・聴衆に対して支配的な関係をつくらない

ふつうの演説では、語り口がどんなに丁寧でも、聞き手は上から目線を感じるものだ。

しかし、トランプの語り口では、話者と聴衆が上下の関係なく、同じ仲間ではないかという一体感が醸成される。

なぜ、そんなことが可能なのか。それはトランプが「見たまま」「聞いたまま」「感じたまま」をそのまま伝えているからである。

たとえば「国境の壁」提案に際しても、彼はただ自分の見聞を語っているだけなのである。

「私は先週、メキシコ国境にいた。私が話しかけた国境警備隊は言っている」「殺害や殺人や犯罪や麻薬が国境に殺到している。そして、お金が国境から出ていって、麻薬が入ってきている。これが、国境で起きていることなんだ。そして私は伝えた。壁を作る必要がある、と。それもすぐ建てなければならない」（２０１５年８月６日、ＦＯＸニュース共和党討論会）

予備選開票後の勝利演説はこんな感じだ。

「私が勝利したのは、若い支持者、年配の支持者、教育水準の高い支持者、教育水準が低い支持者のおかげだ。私はとくに、教育をろくにうけていない人たちが好きだ。いちばん賢くて、義理堅い人々だ」（２０１６年2月26日、ネバダ州での演説）

自分の支持層を「ろくに教育をうけていない」と表現できるのはトランプしかいない。このような「見たまま」「感じたまま」のシンプルな語り口が、聴衆に好感を与える。そこに論理性や洗練性はないが、その語り口がトランプという人物に親しみを起こさせるのである。

・おとしめてはもちあげ、もちあげてはおとしめる

トランプが得意の話題に中国批判がある。

「中国はアメリカを搾取している」「中国人はアメリカ人のことを笑ってやがる……」（2015年6月16日、ニューヨークのトランプタワーでの大統領選出馬表明演説）

トランプのスピーチでは、前置きなくこんな非難がはじまることが多い。しかし、その直後、こんなふうにつづけるのだ。

「私は中国人が大好きだ」「私は中国人にたくさんの高級マンションを売っているからね。どうしたら嫌いになれるんだい」（同）

毒舌ともユーモアともつかない言い回しで前言をひるがえすトランプに、聴衆は魅了され、これこそトランプだと親しみを感じるのである。

次も定番のコメントだ。

「私のトランプタワーには世界最大の中国系銀行が入居している。彼らは私のことが大好きだ

という」「彼らはトランプ・ブランドを尊敬しているという」（２０１５年8月19日、「ＣＮＮ」インタビュー）

ここにはどういうメッセージが込められているのか。

トランプが批判しているのに、その相手がトランプについて「あなたのことが好き」で「尊敬している」と言っていた、という話をただ述べているにすぎない。

ここで聞き手が勝手にうけ止めるメッセージはこうだ。

たとえ敵対的な外国であっても、トランプのように賢ければ、中国人であれ、何人であれ、彼らは儲けさせてくれるし、尊敬しあえる。そう聞こえてくるのである。

トランプの話はこれで終わらない。いま持ち上げたばかりの相手を、ふたたびおとしめ、さらにまた持ち上げる。そんな繰り返しが続く。

いったい、何の話なのか。

聴衆がそんな疑問を感じはじめるころ、ふいにこんな話がはじまる。

「われわれの指導者は間抜けだ」「中国の指導者のほうがずっと賢い」（先述の出馬表明演説）

さきほどまで中国に向けられていた攻撃の矛先が、突然、オバマ大統領やクリントン元国務長官をはじめとするアメリカの指導者層に向けられる。アメリカがダメになったのはすべて、アメリカのバカな政治家やバカな指導者のせいだという話題に転じるのだ。

・私が大統領なら「すべてうまくいく」という印象操作

そして、トランプは「自分なら中国に奪われた雇用をアメリカに取り戻す」と約束する。ただし、トランプはその根拠については説明しない。しかし、説明しなくても、聴衆にはその前に取り上げた話題の記憶が残っている。

「賢い中国人に対してトランプはマンションを売却し、オフィスビルを貸している」実績が頭をよぎるのだ。

つまり、**トランプが大統領になったら「すべてうまくいく」という印象操作がなされているのだ。**

中国はいまのままでは敵だが、彼らとて成功者の私と取引したがっている。
そして、私の提示する条件で取引するようになれば、もはや敵ではない。
そういう関係をつくることができるのは、賢い私だけなのだ。
だから大統領は俺に任せておけ。

このように、トランプは言外にいっているのだ。

この話法はすぐに真似できる。国際問題のような複雑なテーマを取り上げるとき、個人レベルの話に置き換えるのだ。聞き手はわかった気になり、話し手が根本的な解決策を持っているとみなしてくれる。

■第2ステージで打ち出した「大統領らしさ」

とはいえ、くだけた話法だけでは大統領にはなれない。人々は親近感に加え、候補者に対して「大統領らしさ」を求めている。
当然トランプはそのことをわかっている。「大統領らしさ」についてたびたび口にしている。
「適切な時期に、私はもっと大統領らしくなるだろう」（2016年2月21日、「FOXニュース」インタビュー）
「今は選挙戦の進展と推移に歩調を合わせているだけで、いずれもっと（大統領のように）実務的かつ規律をもってやっていく」（2016年4月20日付「ウォールストリートジャーナル」米オンライン版）
「私はとっても大統領らしくなるので、みなさん退屈するようになりますよ」（2016年4月

21日、「NBC」インタビュー）

実際、予備選に勝利した後、大統領らしい言動にシフトした。たとえば、彼の打ち出した外交や経済政策は、予備選とは別人のように、常識的なものとなった。

トランプは、大統領になるまでの過程を、次のような3つのステージに分けていることを前に述べた。そのシナリオ通りに進めているのである。

ステージ1　立候補して共和党予備選で勝ち上がるまでの炎上商法
ステージ2　大統領本選に向けてのイメージ戦略（大統領らしさ）
ステージ3　本選（クリントンとの直接対決）でイメージ戦略どおりの姿を国民に示す

大統領らしさは外交・経済政策だけでは不十分だ。アメリカでは国民の代表として、「家族愛」を示すのが必要条件になる。

その演出は準備万端であった。大統領候補に正式に選出された共和党大会で登場したのが娘のイヴァンカだ。彼女の父を称えるスピーチは絶賛された。こんな立派な娘を育て上げたのだから、「想像よりまともな人物なのかもしれない」との印象を植え付けた。

第2ステージのイメージ戦略どおりである。その結果トランプの支持率は、はじめてクリントンを超えた（CNN調査、2015年7月25日）。

同じ時期、「トランプ一家」のテレビ出演が急増した。その際の発言も高評価をえた。

娘のイヴァンカは、「いつもの父親は仕事でも家庭でもあんなしゃべり方をしないけれど、政治は汚い世界。まして大統領は、父親みたいにタフじゃないとやっていけない」（2016年4月12日、「CNN」インタビュー）と父の言動に理解を示した。一方、妻のイヴァナは、「あんまり汚いことばを使わないでって主人にはアドバイスしている。子どもの教育上悪いから」（同）という。呼応してトランプは「まいったな」という顔をしてだまってうなずいている。暴言のイメージどころか、家庭では女房の尻にひかれた平凡な旦那像まで露出させた。安心感を視聴者に与える狙いだ。

つまり、第1ステージで自分がつくりあげたイメージを、いったんリセットにしようという演出である。これまでの辛辣な毒舌は汚れた政界に進出するにあたり、やむをえず演じた仮の姿だったと家族ぐるみでアピールしているのだ。

■イメージ戦略の名人

それは見え透いたポーズに映るかもしれない。

しかし、選挙というものは政策より、こうした候補者の（家族を含めた）パーソナリティで決まりやすい。簡単に言えば候補者のイメージに左右されて投票するのだ。

イメージ戦略といえば、トランプの右に出るものはいない。過去25年、アメリカ最高水準のリアリティ番組の制作に何度も関わり、高視聴率を達成してきた人物である。出演者としてのみならず、全体を見渡すプロデューサーとしての経験も豊富だ。

彼が得意とするリアリティ番組は、「リアリティ」と銘打ってはいるものの、実際にはリハーサルを繰り返して、いかにも自然に見えるように緻密に組み立てられたものである。即興的に見えながらも、その裏には人の心をわしづかみにする周到な計算がある。

トランプの、自然すぎて気づかれない説得術は、こうした実践をつうじて鍛えられてきたものともいえる。トランプにとっては、リアリティ番組も大統領選のテレビ討論会も同じなのだ。トランプは視聴者がテレビ番組に事実や厳密さを求めないことを熟知している。

個々の事実や政策の正当性を大統領選でいくら論じても、大多数の人は見向きもしない。その証拠に、事実を無視するトランプが一連のテレビ討論会に出演した途端、各局で過去の大統領選番組の最高視聴率をのきなみ更新してしまった。

アメリカには「ファクト・チェッカー」と呼ばれる政治家の発言が事実かどうか、正確性を逐一検証、判定するサービスが多数ある。そのなかでも、チェックが一番厳しいと定評のある「ポリティファクト」がトランプの一連の発言をすべて精査した結果、70％が不正確と判定された（2016年9月26日現在）。

逆にいえば、わずか30％の事実にもとづいた発言で彼は大統領候補になったのである。

これから、大統領選は第3ステージの本選のクライマックスを迎える。候補者同士のテレビ討論会での直接対決だ。その相手クリントンの正確性はどうかといえば、72％となっている(同)。多くの専門家や政策秘書を雇うプロ政治家のクリントンでさえ、3割近くは事実と異なる発言をしているわけだ。トランプとクリントンのその差40％を大きいとみるか、そうでもないとみるか。

たしかなことは、正確さを競うようになってしまうと、政治家はみな、官僚答弁に終始することにならざるをえない。それでは肝心な国家の方向性について語れなくなってしまう。**人々が大統領に求めているのは、その人物にどんな信念があるか、そして国の方向性についてどんな考え方やマスター・プランをもっているかだ。**

トランプの発言の7割が不正確だということは、それだけ**発言の自由度が高い**ポジションを築いているということを意味する。対するクリントンは、3割しか自由度がない。

トランプがクリントンと直接対決すれば、どちらが迫力のある説得術を展開できるか。答えはもう決まっている。

2章

トランプの話術に隠された心理テクニック

■シンプルに話すことこそ話術の命

トランプの話を聞いてまず驚かされるのは、使われている単語があまりに簡単なことだ。初めてトランプの政治演説を聞いたときは、面食らった。単語が簡単なだけでなく、話の内容も単純なのだ。バカじゃないかとさえ思えてくるほどだ。こんな感じだ。

（いたずら電話をする少年のような口ぶりで）

「ハロー、こちらは大統領です。これ、めっちゃ楽しい！　これ、好きなんだよね！」

（かたわらにいる妻や娘から「大統領らしく振る舞って！」と合いの手が入る）

「僕から（この楽しみを）奪わないでよ」（２０１５年3月13日、オハイオ州での演説）

これが、全米向けの政治演説である。

いたずら小僧のような話し方だ。政治演説がこんな口調でいいのか。

だが、そんな演説をずっと聞きつづけていると不意に不思議な感覚にとらわれる。「言っていることが１００％理解できる」のだ。それはある種の快感でもある。

振り返ってみると、日ごろわれわれは、相手の話の内容を１００パーセント理解しているわけではない。日本語であっても、わからないところはスルーしたり、わかったふりをしたりしている。だから、話を聞いたあと、なんとなくもやもやしてしまうことがある。

しかし、トランプの話は違う。すべての単語が理解できるし、言外の意味を含ませるようなこともない。だれが聞いても、はっきりと理解できる。

じつは、これは弁論術の基本テクニックだ。説得術の開祖でギリシアの哲学者アリストテレスも著書『弁論術』で**「聞きなれぬことばを使うな」「多義語を用いるな」**と書いている。

人は理解できることほど信じやすい。

「シンプルなことほど真実に近い」と感じるのが人間の心理である。

実際の世の中は複雑きわまりないのだが、それがじつはシンプルなのだと言われれば、人は安心する。そして、この人は正しいことを言っていると思い込む。

反対に難しい話ばかり聞かされていると、人は不安になる。難しい話は伝わらない。伝わらない話は理解できない。だから、人を説得できない。

トランプは古代から言われていた「わかりやすく、シンプルに話せ」という教えを忠実に実践しているのである。

■簡単なことばしか使わない

では、実際にトランプの話す英語はどのくらいやさしいのか。実際にみてみよう。

英語では使用された単語の分析から、容易さを判定する手法がある。音節（シラブル）の数ごとに単語数を調べ、その使用頻度をみていく。音節数の少ない単語を使っていればいるほど、わかりやすい話と判定されるのだ。

トランプがあるインタビューで使用した単語分析の結果が出ている（ユーチューブ番組「Nerdwriter1」）。

質問の回答に用いた220単語のうち、172単語の78%が1音節であった。「I」「GO」「COME」「LOVE」「WITH」といった日本の中学1年で習う単語ばかりだ。

2音節が39単語で17%。「PEO・PLE」「HAP・PEN」「PROB・LEM」「PAR・IS」など、なじみのある単語ばかりである。

トランプの話すことばを分析すると、1音節と2音節から成る単語がほとんどで、この二つを足した比率は9割を超える。

3音節となると4回しか使っていない。単語でいえば、中学2年で習う「RE・MEM・BER」が1回、「TRE・MEN・DOUS」が3回である。

「TRE・MEN・DOUS」は少し難しく聞こえるが、それでも英検2級、高校生レベルの単語だ。日本人が連発する「すごい」のように、トランプがよく使う独特の強調語だ。「ものすごい（例：恐怖）！」「とてつもない（例：憎しみ）！」「とんでもない（例：被害）！」のように用いる。日本語でも、いつも「すごい」というより、より強調したければ、使用頻度が低い「ものすごい」「とてつもない」といったほうが耳に響くという効果と、同じことだ。

アメリカ人は一般に「TRE・MEN・DOUS」をそれほど使わないけれども、トランプは耳目を引くキャッチフレーズ的な単語として用いている。

4音節の単語となると、「CAL・I・FOR・NIA（カリフォルニア）」と「TEM・PO・RAR・Y（一時的な）」の2単語のみだ。カリフォルニアは地名だから使わざるをえないが、それでも使用頻度は1％未満である。

たとえば、「IN・COM・PE・TENT」（無能な）のような単語がある。アメリカの政治家は論敵を批判するときによく使うが、トランプはその代わりに2音節で口語的な「STU・PID」（バカな、愚かな、つまらない）を用いる。

その理由について、トランプは演説で次のように述べている。


「いっておくけど、前は、INCOMPETENT（無能な）という単語を使っていた。でも今は、ただ、STUPID（バカな）と言うようにしている。私はアイビーリーグ（アメリカの名門大学）に通い、たいへん高い教育をうけた。単語もたくさん知っている。最高の単語を身に付けている。それでも、STUPIDをしのぐような、いい単語がないんだ（会場笑）。そうだろ！　ひと

つもないんだ」（２０１５年12月30日、サウスカロライナ州での演説）

トランプが豊富なボキャブラリーを持っているのは事実だ。筆者は１９８０年代からのトランプが登場したテレビ番組や講師を務めたセミナーの動画を無数に見てきた。以前はたしかに教育をうけたアメリカ人らしい話し方をしていた。それが、年を追うごとに、ボキャブラリーが減り、ついにいまの話術に至ったのだ。

参考までに前述のトランプの発言を原文で挿入しておこう。

「I'm telling you, I used to use the word incompetent. Now, I just go on stupid. I went to an IvyLeague school. I'm very highly educated. I know words. I have the best words, but there's no better word than stupid, right? There is none.」

英語が少し読めれば、いかにシンプルな話し方かわかるだろう。

■小学校4年生レベルの語彙で十分

大統領選全候補者のスピーチを「リーダビリティーテスト」という手法で分析する実験が行われた（2015年10月20日付「ボストン・グローブ」）。

各候補者のスピーチが、何年生レベルの国語（英語）の教科書で理解できるかを分析するのだ。

その結果、トランプのスピーチがもっとも簡単で、そこに出てくる単語はアメリカの小学4年生でもすべてわかるものだということが明らかになった。

ちなみに、ヒラリー・クリントンとジェブ・ブッシュ（ブッシュ元大統領の弟）は中学2年生レベル、クリントンと民主党代表を争ったバーニー・サンダースは最も難しい高校2年生レベルと判定された。

トランプの話が理解しやすい理由は、短い単語を使っているからだけでなく、文章がシンプルであることも大きい。さきほど紹介した演説もそうだが、独立節や関係代名詞など、複雑な構文はまず使わない。

たとえば、ふつうの政治家ならある問題を語るとき、こんな言い方をするだろう。

「われわれが今日直面する問題は（「The problem we face today is that……」）このthatが

独立節)、○○が○○であるということである」

こうした複雑な構文を用いて長い話が繰り返されると、たいていの人は退屈する。眠くなる人もいるだろう。しかし、それでは話をする意味がない。

トランプならそんなややこしい言い方はせず、短文を積み重ねる(以下、例文はすべて2015年12月7日「CNN」インタビュー)。

「大問題がある(There is a real problem)」

まず、いきなり断定する。そのあと、ふつうの政治家なら、その大問題の内容を説明しはじめるだろうが、トランプはそれすらしない。その代わりに、

「見てみろ!(Look at)」

といきなり命令系を使う。

聞き手に直接指令するのだ。そうなれば当然、聞き手は何事かと注目する。

それに続いてトランプはこう言う。

「パリで何が起こったか（what happened in Paris)」

これはパリで起きたテロ事件を指している。でも、トランプはニュース的な用語は使わない。聞き手に「何が起こったか」想像させるのだ。

つぎに、また「……がある（There is……)」に戻る。

「そこにあるのはとてつもない憎しみだ（a tremendous hatred out there)」

具体的なことにはいっさい触れていない。にもかかわらず、すでに聞き手の中ではイメージがつくられている。それが具体的な事実と一致していなくても問題ではない。おのおのがニュースでみた悲惨な事件を思い起こして、感情的に腑に落ちればいいのだ。

■気づかぬうちに相手を同意させてしまう技

トランプの話法をもう少しくわしく見てみよう。
一つ一つの文で言っていることは単純だが、分解するとこんな構造になっている。

断定→命令→想像させる→断定

このプロセスの中で、聞き手の心に憎しみの感情が喚起される。それをトランプはどのように導いていくのか。トランプは続ける。

「何が問題なのか見つけなければならない」
「問題を解決するには、問題の根っこにある原因を見つけなければならない」
「その問題に本腰を入れて取り組まなければならない」

トランプは、このあと「人々がこう話しているのを聞いた」との伝聞情報を入れる。
その内容はといえば「トランプの言う通りだ。大問題がある。その問題に本腰を入れて取り組まなければならない」という手前味噌な伝聞だ。直前に言ったことを第三者からの伝聞の形で繰り返しているのだ。

しかし、この言い回しを入れることによって、聞き手がトランプの意見にすでに合意しているかのような暗示効果を持たせることができる。
その構造は次のようになる。

問題提起（「問題（プロブレム）を見つけなくては」）
←原因追求（「問題（プロブレム）の原因を見つけなくては」）
←解決姿勢（「問題（プロブレム）に本腰で取り組まなくては」）
←聴衆との合意（「みんな、問題（プロブレム）だといっている」）
←解決（聞き手がすでに同意しているような印象）

■韻を踏むことで伝えたいことばを印象づける

英語の原文では、トランプの各発言で最後の単語は「プロブレム（問題）」となっている。

プロブレムで、韻（脚韻）を踏んでいるのだ。プロブレムがリズムとなって、聞き手にインプットされていく。問題の詳細はよくわからない（トランプは説明をしないので当然だ）。ポイントはとにかく、「問題が存在し、トランプが解決する」ことが刻み込まれていく。

しかし、本当にトランプは韻まで含め、意識的に話しているのだろうか。

「プロブレム」と言うのが口癖であったり、くどいしゃべり方をする人というだけではないか。最初の文では、文法的には「何が問題であるのか（what the problem is）」で終わるのが正しい。そこをあえて「what is the problem」と最後に「プロブレム」をもってきている。そうすることで最後の単語にパンチを効かせる。しかし、高度なテクニックに気づかれないように、慎重に言語的な処理を施しているのだ。

つまり、トランプの話術は単なる「わかりやすい話し方」ではない。単純に聞こえるトランプの話し方には、巧みに織り込まれた数多くの秘密が隠されている。単語、表現、構文選択だけではなく、人間心理を利用したテクニックが組み込まれているのだ。

テクニックといっても、ただ「話し上手」になる方法ではない。聞いていて、「なるほど！」と説得される話し方でもない。いくら聞いていても、意識上では、納得できないものも多い。ところが、聞いていると、いつのまにか無意識のうちに説得させられている。それこそがトランプのテクニックなのだ。

必死に説明して、理解してもらおう、納得してもらおうという話し方は、じつはたいていうまくいかない。それより相手も気づかないうちに、こちらの意見に同意しているという状態をつくりだす。それこそが最も高度な説得術である。

じつはそのような説得術は、古代ギリシアに「レトリック」（弁論術）という形ですでに存在していた。

弁論術の開祖アリストテレスは「弁論の技巧性に気づかれることなく、しかも意味の明瞭なもの」が説得術の本質と定義している。

「気づかれない」はトランプ説得術における真髄である。その隠された数々の技法を自由自在に操れるようになれば、論理矛盾や説明不足も問題ではなくなるのだ。

■繰り返しの効果

トランプ説得術の最大の特徴は、**「トートロジー（同語反復）」**にある。

「われわれにはタフさが必要だ。強さが必要だ。タフさが必要だ。われわれはタフな人々が必要だ。タフさが必要だ。もっとタフにならなければならない。これまでよりずっと強くならなければならない」（2015年12月15日、CNN共和党討論会）

「われわれはいま勝っていない。この国は勝っていない。もう勝っていないんだ。かつては勝ってきた。でももう勝てていない。貿易でも勝っていない。戦争でも勝っていない。いまは『イスラム国』（IS）さえ倒せないが、もし私が勝てば、勝つことになる。もし私が勝てば、われわれ全員が勝つ。なぜなら、われわれが勝つからだ」（2016年4月11日、ニューヨーク州での演説）

「タフさ」と「勝つ」はトランプの演説のボキャブラリーの定番だが、上の演説では「タフさ（および同義語の強さ）」が7回、下の演説では「勝つ」が12回繰り返されている。

トランプはふだんの会話でもこんな話し方をする。友人との対話でこんな話し方をしたら人格を疑われるだろうが、トランプは気にしない。聞き手の心理に〝効く〟とわかっているからだ。

こうした繰り返し表現は、広告でも定番の手法だ。企業は膨大な予算をつかって同じコマーシャルを何度も何度も流す。そのうちに何らかのメッセージが頭の中に入る。一度頭に残ったメッセージは、それがどうやって脳裏に刻み込まれたかにかかわらず、人は親近感を覚えるようになる。

そして、いつの間にかこのようなメッセージの集合体が無意識のうちに、意見や判断に大きな影響を与えるようになる。心理学で「インセプション」（無意識的動機）と呼ばれる働きのことだ。人が自分の意見だと思っているものでも多くは、じつは無意識のすりこみによって形成されているに過ぎないのだ。この心理を踏まえて、トランプは、「タフさ」と「勝つ」ことの重要性という自分の信念を、ひたすら繰り返すことで伝えようとしているのだ。

■古代から使われてきたテクニック

「同じことばの繰り返し」というテクニックは、じつは古代から重視されてきた。「同じことばを繰り返し、形を整えることは感情を喚起する」（3世紀ローマの弁論学者アプシネス）からだ。また、19世紀の哲学者ニーチェも、それは「ある種の心地よい落ちつき」や「威厳と荘重さ」につながると述べている（『古代レトリック講義』訳解』）。

トランプが行っているのも、まさにそれである。トランプの話を聞いた聞き手は、「アメリカが弱くなってしまった」「アメリカは負けてばかりだ」と怒りを抱く。一転して、「強さ」や「勝利」を叫ぶトランプのことばに聞き手は高揚感をおぼえる。そうした感情の変化はすぐに心から離れるわけではない。むしろ、その感情を心に長くとどめておきたい。それは「心地よい落ちつき」をもたらすからだ。トランプは同じことを繰り返すことによって、感情をつなぎとめる手伝いをしているのである。

欧米の大学では古代の弁論術は必須科目である。有名大学をトップレベルで卒業したトランプは当然、アリストテレスやキケロなど弁論術の古典にふれていたはずだ。一方で、トランプは無意識のメカニズムを解いたユング心理学に夢中であるとも自著で明かしている。読者にも「ユングを読め」と指南するほどだ。

トランプの演説が「バカげている」とか「単純すぎる」と批判されながらも、じりじりと信奉者を集めていったのは、その背後に現代の心理学と古代の弁論術のスキルがみごとに生かされているからなのである。

■「便乗商法」――多数輪唱とバンドワゴン効果

ほかにも、トランプがひんぱんに用いる「多数輪唱」という古代から伝わるテクニックがある。

「みんな私のことを愛している」
「すべての世論調査で私がいつも一番だ」
「私たちはどこでも勝利している」

日常生活でも「みんな買っているから」と聞くと、つい流行を追って買ってしまうことがあるだろう。**これは多数派に便乗しようとする心理で「バンドワゴン効果」と呼ばれるものだ。**

もちろん、多数派だからといって正しいわけではないが、多数派でないと損をするような心理になるのが人間だ。

トランプは年がら年中、「みんな私のことが大好きだ」と言い続けている。ふつうの人なら人前で「みんな私のことが大好きだ」とはなかなか言えない。

でも、こうした発言を聞いているうちに、トランプが嫌いというと少数派に追いやられる気がしてくる。

「私たちはどこでも勝利している」という表現もそうだ。そんなはずないと思っていても、そう言われ続けているうちに、トランプを支持しないと勝ち馬に乗っていない気持ちにさせられるのだ。

あるスピーチ分析調査（www.quora.com）では、トランプが最もひんぱんに使う単語トップ20に「LOVE（愛している）」と自分の苗字「TRUMP（トランプ）」が入っている。どれだけ本人が「○○がトランプを愛している」と連呼しているかが、うかがいしれる。

トランプはアメリカの政治家がよく使うセリフ「私はアメリカを愛している（I LOVE America)」とはめったに言わない。そう連呼したところで、聞き手がトランプを好きになってくれるわけではないからだ。「LOVE」を連発するにしても、その効果が自分に返ってくるように使うのがトランプなのである。

■虚構であってもかまわない

トランプの多数輪唱テクニックの妙技を紹介しよう。

「みんな私が討論に勝ったと言っています。過去、6回の討論すべてにおいて私が勝ったとみんな言っています。特に最後の討論です。だから、みんな私が討論に勝ったと言っているのです。すべての世論調査は、すべての討論、特に最後の討論で私が勝ったと言っているのです」

（2016年1月27日、「FOXニュース」インタビュー）

しつこいまでに「みんな……すべて……私が勝った」と繰り返す。多数輪唱の反復により、トランプが勝利者であることが決定的のように聞こえてくる。

人は判断を下すとき、関連する情報をすべて集める余裕も時間もない。トランプ本人が代わりに示してくれるのだ。討論そのものを聞いていなくても、これだけを聞けば、もう彼の勝利は確定したと人間の頭は予測する。そして、投票という最後の決断をしてしまう。

このテクニックは反論でも有効だ。

「トランプさん、あなたの女性の支持率は低いですね。どうしますか」と問われたら、こう返す。

「女性は私のことが好きです。とても多くの女性が私のことを支持しています。彼らはこういいます。私たちがドナルド・トランプを好きなのは、強さを感じるからです。この国をテロリストから守ってくれるからです。女性を守るだけでなく、みんなを守るので、みんなトランプが好きです」（2016年3月31日、「FOXニュース」インタビューから抜粋・要約）

インタビュアーの意地悪な質問に対して「そんなことはありません」と野暮な否定はしない。女性の支持が低いとの質問なのに、「女性はトランプが好きな話」に変わり、最後は「みんなトランプが好き」という結論にすりかえるのだ。

さらにトランプは、多数輪唱のテクニックをこんなふうに高度に応用する。

「みんな私の政策が好きだと話している。私の友達はみんなぼくに電話してきて、（トランプの政策に賛成して）『ありがとう』と言ってくれる」（2015年12月7日「CNN」インタビュ

ー）

「みんな＝好き」といっておきつつ、次の文章で、「私の友達はみんな」と一部限定した「みんな」に話をすりかえる。

最初から「友達はみんな」といった場合と比較してどうだろうか。「トランプの友達はみんな」といわれても、聞き手は「多数派」とは思わない。ごく一部の人と思ってしまう。だからトランプはわざと冒頭で友達を「省略」した。そうすれば、「みんな→トランプが好き→トランプに感謝」とつながり、バンドワゴン効果が増幅的に発動されやすくなる。

■ハッタリと誇張の効果

とはいえ、「みんな」を「友達みんな」に限定しても、そもそも嘘である。友達が全員、ありがとうと電話してくるはずがない。

じつは、このテクニックのポイントは「電話」にある。「電話をしてきて」という際、受話器を持ったジェスチャーをしながら、相手のモノマネまでいれる。ビジュアル化によって、「実際に起こったこと」のように真実味をもたせるのだ。

トランプ自身もこう述べている。

「宣伝の最後の仕上げはハッタリである。（中略）私はこれを真実の誇張と呼ぶ。これは罪のないホラであり、きわめて効果的な宣伝方法である」（『トランプ自伝』）

電話のモノマネは別の目的にも使える。ウケを狙いたいときは、たとえばイタズラ電話のモノマネをする。オチもある。イタズラ電話をしてきた相手さえも結局は「トランプが好き」で、最後に、「感謝」を述べるのである。

テクニックもここまでくれば「持ちネタ」だ。ほとんど芸人の世界である。虚構の世界だとわかっているけど、みんなそのイタズラ電話トークを楽しみに政治集会に集まる。ここまでくれば、説得術を施す必要さえなくなる。参加者が生粋のファンになっているからだ。

■「言わないことによって語らしめる」技術

次のテクニックは「陽否陰述」だ。陽《ひなた》に当てたいことを否定し、陰を述べるという意味で、話した内容について責任を問われにくい狡猾な話術である。

具体的には「……については何も言うまい」「それは言わないでおこう」と言いながら、それが一番言いたいことだと暗示する。「言わないことによって語らしめる」技術だ。

トランプは、誰かを侮辱したり、批判したりしたいときに、この方法をよく使う。相手が誰かを伏せようとすることによって、逆に正体を浮き彫りにしていくのだ。

「（筆者注：誰だかは伏せて）全員、劣っている。彼らは劣っている。ただ劣っている。はっきり言えば、彼らはふつうに劣っていると思う。でも、（誰だか）言いたくない。物議を起こしたくないからね。物議は御免だ。これでいいだろう？　彼らがたいてい劣っていることすら話したくない」（２０１５年12月1日、ニューハンプシャー州での演説）

伏せていた対象は、共和党大統領予備選の候補者全員である。冒頭の主語では英語で、「all of the candidates are（候補者全員は）というべきところを「all of are」と省略している。「all of them（彼らは全員）」とさえ言わない。them を不自然に脱落させて、聴衆に「今から誰かの伏せた話をするぞ」と暗に気づかせるのだ。

だから、聞き手はかえって耳をそばだてる。誰のことを話しているかピンとくるまで、話に集中する。この心理を利用して、執拗なまでに「劣っている」と繰り返す。

聞き手はトランプが直接名指ししない「劣っている誰か」を想像で補おうとする。その心理効果の行き着く先はどこか。

劣っている誰かのことは忘れてしまう。逆説的に「トランプだけが優っている」ということだけが潜在意識に残る。

トランプはこの方法をオバマ大統領にも使っている。


（オバマの名前を伏せて）「われわれの大統領は何をやっているか自分でも見当もついていない。無能だと言いそうになるが、そうは言うまい。感じが悪いからね」（2016年8月6日、CNN共和党討論会）


ここでトランプは陽否陰述にひねりを加えている。「そうは言うまい」としながら、実際には「言ってしまっている」。これは正しくは**「逆言法」**と呼ばれる技法だ。古代ローマの弁論家キケロが好んで使ったことで知られる。

最後に、自分はいい人だから「言わない」というアピールも忘れない。

■人身攻撃術で論点をずらす

トランプの逆言法を、もうひとつ紹介しておく。論争相手の主張に、聞き手が引きつけられないようにするためのテクニックである。

ＣＮＮが主催した共和党予備選討論会でのことだ。上院議員のランド・ポールはトランプがまともな議論をしないことを非難した。

「小学生じゃないんだから、ちゃんと話そう」と諭すような表現だった。

きわめてまっとうな主張である。それにすぐさまいい返したトランプの逆言法がこれだ。

「私は彼のルックスについて批判したことはない、信じてくれ。彼のルックスについてはいくらでもいえるけれど、いわないことにしよう」（２０１５年9月16日、ＣＮＮ共和党討論会）

この短い発言には2つのテクニックが含まれている。逆言法を使って「いくらでもいえるのにいわない」といいつつ、ルックスに焦点を当てている。相手の論点への直接的な反論ではなく、その人物の外見や人格を攻撃する論法である。**これは人身攻撃術、または人格攻撃論法と呼ばれ、論点をすりかえるのに効果的だ。**さらに「私は批判したことがない」ということで、非難してきた相手より自分の人格が優れていることを暗に示す。論点をすりかえたトランプより、相手の身体的かつ人格的な欠点に注目を集めるダブル効果を狙ったのだ。

相手のポールは共和党候補者のなかで、最も知性的・理性的との前評判が高かった人物である。トランプは言論の中身で勝負せず、説得術だけで観衆に影響を与えようとしたのだ。

彼は外見上はイケメンだが、ボサボサのヘアスタイルを気にしないことで知られている。一方のトランプは髪を独特のヘアスタイル（ハゲ疑惑もある）で有名だ。そうした聴衆にインプットされているルックスに関する知識を念頭においての発言である。

トランプのコメントを聞いた視聴者は、「自分の奇妙なヘアスタイルを棚に上げて、よくポールの髪のことがいえるよな」（逆言法だから、実際、髪のことには一切触れていない）とあきれかえる。失笑も漏れただろう。

しかし、感情の弛緩が起こったら、トランプの勝ちである。2人の議論に集中していた観衆の神経は鈍麻してしまうからだ。そして、理性的な議論を求めていたポールの主張はどこかに吹っ飛んでしまった。

これがとっさにできるのは、対抗馬ひとりひとりの身体や人格的特徴や欠点を事前に細かく研究している証である。当然、それを視聴者がどううけ止めているかも察知している。そこまで計算しつくしたうえで、自然体でことばを発するのがトランプである。

人身攻撃術はトランプの十八番で、枚挙にいとまがない。別途、**3**章と**4**章で詳しくとりあげる。

■「脅迫論証」と「究極の誤謬《ごびゅう》」で相手を手玉にとる

「脅迫論証」もトランプがよく用いるテクニックだ。人身攻撃術に似ていて、日本批判のときにも使った、いわば**脅しによる説得**だ。

「（駐留費を）**払わないんだったら、同盟国を守る気がしない**」（2015年10月8日、ネバダ州での演説）

つまり「お前が黙ってお金を払わないのなら、私はお前を守ってやらない。ゆえに、お前は払うべきである」という意味だ。さらに細かく説明すると、こういうことだ。

「お前がすべきことは黙って金を払うか、私の保護がなくなるかのどちらかだ。しかし、お前は黙って金を払わない。ゆえにお前はもう守られるに値しない」

このテクニックの核心は、脅迫や威嚇で相手に恐怖を抱かせることにある。**恐怖は、相手の考えや信念を揺り動かしたり、行動を改めさせたりする効果的な動機づけになる。**

事実、トランプの発言を契機に、日本では米軍駐在費の負担問題について大きな議論が巻き起こった。

ただ、トランプの発言はよく考えると論理的に破綻している。駐留費を支払うことと、守ることは直接関係がない。つまり「詭弁」である。しかし、人間は恐怖に弱いから、その偽証性にとっさに気づかず、反証できない。だから脅しとして効果がある。

「究極の誤謬」テクニックもトランプの得意技である。

これは、ある主張をわかりきった真理（公理）のように伝える話術だ。根拠なしに、ある事柄を証明されたことにするのである。それが行きつく先は恐ろしい。無根拠であるにもかかわらず、聞き手に影響を与え、行動に駆り立てていくことが可能になる。

次のスピーチがその典型例だ。

「いろんな調査をみなくても、誰の目にも疑いの余地がない。その憎しみといったら、人間の理解を超えているのだ。この憎しみがどこに発しているのかも理解できないし、どうしてわれわれがそれを特定しなくてはいけないのかも理解に苦しむ。（中略）やつら（ジハードを信じる人々）には完全に理性がなく、人間的な生活へのリスペクトもない。私が大統領選挙に勝てば、アメリカを再び偉大にする」（2015年12月7日、ニューヨーク市での演説）

いきなり「調査をみなくても」からはじまる。根拠を提示しないまま、（一部イスラム教徒のアメリカ人に対する）憎しみを真実として語っている。しかも、「イスラム教徒のアメリカ人に対する」という説明さえ省略し、想像力を掻き立てる。

唯一の裏付けは「誰の目にも疑いの余地がない」からである。これは先ほど解説した「多数輪唱」の応用である。「話し手が一方的に設定した多数派が正しい」ことを前提とした議論であり、論理的に見れば破綻している。

このように無根拠かつ誤謬にもとづいた主張であることから、「究極の誤謬」テクニックと呼ばれるのだ。

■あいまいな物語をソーシャルプルーフで防御

類似したテクニックに「あいまいな物語」もある。

専門的なテーマを語ったり、難しい質問に答える際に、トランプが多用するテクニックだ。

経済政策であれば**「私の経済政策によってアメリカは急成長します。だから、他の国からたくさんの仕事が戻ってきます」**、「イスラム国」の問題であれば**「私が力ずくで『イスラム国』の問題を終わらせます」**（CBSニュース「60ミニッツ」2015年9月27日放送）といった具合だ。誤謬とまでいえないが、論拠はほとんどない。

ふつうはあるテーマについて話すとき、一定以上の専門知識が必要だ。しかし、この話術があれば、なくてもなんなく話せる。トランプの場合、聴衆が望んでいる結論に話を絞って、ポンとざっくり提示するのだ。

あいまいだが、聞く方は満足する。**聞き手はあいまいさを自分の素晴らしいアイディアで埋めようとするからだ。そして、最もハッピーになれるような話に創作しなおしてくれる。**

これはアリストテレスが『弁論術』のなかで称賛する技術でもある。**「最も喝采を博すのは、論じ始めてすぐ聴衆にはその結論が見えてくる弁論（中略）。それは聴衆自身が、結論を予見することで、弁論に対しても同時に、自分自身にも満足感を覚えるからである」**とアリストテレスは述べている。

もちろん、あいまいでは事が済まず、詳細について問い詰められることがある。

そのときに使う技法が**「ソーシャルプルーフ（社会的証明）」**だ。

実例をあげよう。

共和党テレビ討論会（2015年10月28日「CNBCニュース」）で、トランプはこう語った。

「私の減税プランでは政府の赤字は増えず、アメリカ経済はまるでロケットのように力強く離陸する」

この発言に司会者がかみついた。「それは漫画の話ですか」。トランプは即答した。

「ラリー・クドローが私のところにやってきて、減税プランを気に入ったといってくれた。私は彼のことを尊敬している」

自分のプランを説明する代わりに、著名な経済アナリストの名前を挙げたのだ。社会的証明とはこのように、個人の意見の妥当性を証明する手法の一つだ。とくに自分の意見を支持する権威のある人を登場させることで、不利な状況を一変させることができる。

司会者はたじろぎながらも、食い下がる。

「複数の大統領に仕えてきた経済顧問はそうは言っていません。あなたが言うような赤字を増やさず減税ができる確率は、あなたが壇上から手をバタバタさせて飛んでいくのと同じくらいの低さですね」

相手も大統領経済顧問という権威を持ち出し応戦し、「アメリカ経済がロケットのように力強く離陸」というトランプのたとえを揶揄した。

しかし、トランプはどこ吹く風だ。

「（もしそうなら、あなたの言うその確率から）ラリー・クドローを除外しなければなりません

ね。彼は貴局の経済コメンテーターですよ」

逆に司会者のほうが追い詰められ、次のテーマに移らざるをえなかった。司会者もサラリーマンだ。自社の上層部が指名したコメンテーターを批判できない。

結局、トランプは自身の減税プランを一切説明せずに、それに反対する相手をやりこめてしまったのだ。

ソーシャルプルーフのための権威付けは誰でもいいわけではない。討論相手がその権威を否定できない、少なくとも頭があがらない人物を選ぶのが効果的である。

このテクニックは自説を裏付けるのにも有効だ。トランプはソーシャルプルーフのテクニックを、共和党予備選で最後まで戦ったカナダ生まれのテッド・クルーズ上院議員に対して用いた。

「ハーバード大学の法学部教授ローレンス・トライブはこう言っています。（カナダ生まれのの）テッドはこれ（大統領選に立候補する行為）をする資格があるかどうか重大な疑いがある。いいかい？　彼のほかにも超、超、超一流の憲法専門の法律家たちが同じように感じている。彼がアメリカ本土生まれでないため、立候補できないということだ」（２０１６年1月20日、「ＣＮ

N」インタビュー）

権威づけを利用する際、最初に持論を展開して、それと同じ意見を持つ学者や専門家の説を述べる。通常、そうやってもっともらしくみせるのだが、トランプは違う。

彼は最後まで自説を述べない。最初に一番権威ある人の意見を出し、ほかの専門家も同じ意見だと述べて、その説は真実であるとして、そのまま断定してしまうのだ。

トランプには、このようなパターンの発言が数多い。自分の考えを主張せず、偉い人々、賢い人々のことばをそのまま引用する。自分固有の意見には執着しない。

■「ソーシャルプルーフ」で攻められたら「全面否定」で返す

その積み重ねによってトランプの発言は、賢い人たちがつねにトランプを支持しているような錯覚を聞き手に与える。そればかりかその一連の賢い人たちのボスこそがトランプだという印象すら覚えさせるのだ。

これは**心理学で「ハロー効果」と呼ばれるものだ。**ハローとは〝後光〟のことである。**ある人物を評価する際、目立ってすぐれた特徴＝後光に引きずられて、劣っている点の評価が歪められてしまうという心理現象**だ。

トランプは権威のある人を引き合いに出すことで、権威を引用する自分もまた優れているのだと聞き手に思わせているのだ。引き合いに出すのは他人の権威でなくてもよい。自分でつくりだした後光でもかまわない。トランプにとって、それは実業家としての成功や財産だ。それが後光となって、大統領としても成功するはずだと思わせる。それがわかっているから、彼は自分の成功や資産を恥も外聞もなくひけらかす。

逆にトランプが討論相手から否定的なソーシャルプルーフで攻撃されることもある。そんなときトランプが使うテクニックは**「完全否定」**である。この好例としてFOXニュースでのインタビュー（2016年1月27日）を題材にとりあげる。

相手「現在、あなたが大統領選挙に出馬したときに多くの人々が冗談だと思いました。勝つ見込みはなく、ただあなたはお調子者であると思ったのです。ご自身も全部わかっていらっしゃるでしょうが……」

トランプ（相手を遮り、毅然とした声で）**「いや私は彼らがそう考えたとは思いません。それは何の声明ですか」**

相手「ええと、そう思った人もいます」

まず否定したうえで、相手のソーシャルプルーフの根拠を問い詰めた。それに押された相手は、「ええと（Well）」と少し詰まる。そして、最初の「多くの人々（a lot of people）」から後退し、「人もいます（some people）」とトーンダウンした。

そこを見計らって、トランプは一気に反撃に出る。

「私は立派な企業を設立しましたし、書いた本では何度もベストセラーになりました。テレビ番組でトップ（視聴率）もとりました。そして、誰一人、私のことをお調子者とは言っていません」

自分の肯定的な社会的地位を並列する。そのうえで最後は、「そんなことは誰一人（Nobody）言っていない」と相手の否定的なソーシャルプルーフを無化する。

「お調子者」の全面否定だけでは終わらない。「多くの人は勝つ見込みはないと思っていた」という発言も全面否定していく。

「彼らは私が立候補しないと思っていたのです。仮に私が立候補すれば、少し選挙を楽しんで、出ていくつもりだと思ったのです。いったん、私が大統領選に立候補すると、人々は私の言うことが気に入り、私の言うことを尊敬してくれています。だから、私が（世論調査で）圧

倒的な差をつけてトップにいるのです」

ソーシャルプルーフの威力を知っているトランプだからこその返答だ。すべての否定的な指摘をひとつずつ確実に完全否定したうえで、最後は世論調査（ソーシャルプルーフ）を持ち出して締めくくる。トランプの完勝である。

全面否定は証拠や根拠を求められたときにも有効だ。

89頁でとりあげた「私が力ずくで『イスラム国』の問題を終わらせます」の根拠をもとめられた際、トランプはこう答えた。

「彼らが何者かさえ誰も知らない」

無責任に言っているわけではない。まず、質問自体を否定するのだ。実際、複雑な内戦状態が続く「イスラム国」がどうなっているか誰も知らない。聞き手はこの一言で腑に落ちる。

そして、こう続ける。

「私が大統領になったら何が起こっているのかちゃんと調べる」

今度は「何が起こっているかわかったらどうするのですか」と聞かれる。そうしたら、「**そんなこと、誰にも言うわけないじゃないか**」とまた否定する。そして、「**アホか。誰だか言うまいが、今の大統領のように言ってしまったら、敵にばれてしまうじゃないか。だから、われわれは弱くなってしまったんだ**」という風に結論づける。根拠は一切述べていないが、説得力は半端ではない。

■ローマ法王の批判をもはね返す

どんな難問や批判もなんなくクリアできそうなトランプだが、ごくまれにピンチもある。とてつもない権威ある人からの批判にさらされたときだ。存在そのものがとてつもないソーシャルプルーフのような人物からだ。どうすればいいのか。

トランプは権威の象徴ともいえるローマ法王からこう非難を浴びた。メキシコとの国境の壁政策について、「架け橋ではなく、壁をつくるのはキリスト教徒ではない」（2016年2月18日、「ロイター通信」）、と。

この発言が報じられた直後、テレビ出演していたトランプはインタビュアーに「法王に何か言いたいことはありますか」と聞かれた。そのときトランプはこう答えた。

「『イスラム国』は法王を捕獲しようと思っている」（２０１５年2月17日、「ＣＮＮ」インタビュー）

突拍子もない発言である。

法王の見解に対するトランプの反論を引き出そうとしたインタビュアーだったが、「ローマ法王を捕まえる」という話が大きすぎて、質問者の興味はそちらに移った。

インタビュアーは「あなたはローマ法王を恐れさせるつもりですか」と聞き返し、話がそれてしまった。

トランプは**「そんなことはありません。ローマ法王のことはとても尊敬しています」**と言って難を逃れた。

いくらトランプでも、世界の宗教権威にとっさに盾突くリスクはおかせない。かといって、「法王のおっしゃるとおりです」と返答すれば、自分の政策、信仰、権威、後光もろとも失墜してしまう。

この対処法はトランプの名言**「シンク・ビッグ！（大きく考えろ！）」**からきている。

難題に直面したとき、大きく考えることで乗り越えられるとトランプは自著でなんども強調している。

法王という大きな権威、存在さえも一瞬で消し飛ばすような、もっと大きな物語を考案したのだ。それは深読みすれば「外敵を防ぐ『国境の壁』をつくることは重要なのだ」との持論を強化する物語にもなっている。

このテレビでの発言ののち、トランプはツイッター上にローマ法王の住むバチカン市国の航空写真を掲載した。国全体が要塞のように壁に囲まれていることを示す写真だ。

みごとな返しである。法王が壁をつくることを批判したことと、壁に守られたバチカンでの生活との矛盾点をついたのだ。アメリカ国民だって法王のように壁に囲まれた安全な場所で安心したいと思っているだけとのメッセージも伝わる。

さらにトランプは公式選挙キャンペーンサイトで、次のような声明文を発表した。

「もしバチカンが『イスラム国』に攻撃されたときは、法王はこう望み、祈るだろうと断言する。ドナルド・トランプが大統領でいてくれたら、こんなことは起きなかっただろう」（2016年2月18日）

この声明直後の政治集会では、法王発言に対して、直接、反撃を開始した。

「宗教指導者が個人の信仰を疑うのは恥ずべきことだ。そんな権利はない……今頃、私の言ったことは世界中でニュースになっているだろうが、誰が構うものか。オッケー？　私はまったく気にしない」（２０１６年2月18日、サウスカロライナ州での演説）

最終的には、トランプは法王の権威に屈しないとはっきり表明したのだ。

トランプほど権威によるソーシャルプルーフの影響力を熟知したものはいない。

その巨大な脅威が自分に降りかかってきたとき、トランプは自分が考えた大きな物語で、法王に対抗した。テレビ発言、ツイッター、声明文書、演説をたくみに連動させ、その物語を世界に拡声していった。

その後、法王はトランプについて、「良い人」と広報官を通して発表し、事態の幕引きをはかった。とてつもなく大きいソーシャルプルーフを跳ね返した瞬間である。

これも大きく報じられ、トランプ人気はうなぎのぼりとなった。法王の権威を覆したこの経験によって、「逆ソーシャルプルーフ」とも呼べるスキルを新たにトランプは身に着けたのだ。

■リフレーミングの妙技

不動産王トランプは、人生の中でこのような逆境をいくどとなく乗り越えている。彼の著書を読めば、そんな実例が目白押しだ。本書で解説している話術や処世術は決して、小手先のテクニックではない。それらはトランプがビジネスの上での実戦で揉まれながら、磨き上げてきたものだ。そんなトランプにとって相手の攻撃をかわすのは朝飯前だ。さまざまな方法の中から、彼の得意技「リフレーミング」をとりあげよう。

リフレーミングとは再構成や見直すという意味だが、ここでは相手の質問や発言が想定している枠（フレーム）をいったん取り壊し、自分に有利なものの見方や世界観を提示してしまうスキルである。

あるときトランプは不動産業者として、建設予定のビルについてこんな質問をうけた。「ニューヨークのウェストサイドに世界一高い高層ビルを建てたら、どのような悪影響が出るか」。

トランプの模範解答はこうだ。

「ニューヨーカーには世界一高い高層ビルがふさわしい」（『Trump:The Art of the Deal』）

これは本人が著書でリフレーミングの実例としてあげているものだ。

「記者から厳しい質問をうけたとき、私はポジティブな答えに代わるようにフレームし直す。それが質問の前提を変えてしまったとしても（形勢を一変させることが重要）」（同）

ていねいな解説付きでリフレーミングの紹介をしてくれている。それほど得意な説得術なのだ。

リフレーミングとは、質問に別の視点から解釈を与える。それによって、視点をずらして、相手の質問の力を無力化してしまうのだ。

こんな例もある。

「トランプさん、あなたは信じられないほどの〝文句たれ〟ですね」と評されたときのトランプの「リフレーミング」である。

「そうなんです。私は文句たれです。私は勝つまで文句を言い続けます。私はこの国のために勝利します。アメリカを再び偉大な国にするために」（2015年8月6日、FOXニュース共和党討論会）

ふつうなら「私は文句たれではない」と否定するだろうが、トランプはそういう手には乗らない。相手のネガティブなことばをいったんうけ止め、吸収しながら、自分のポジティブな世界観を表現していくのだ。それもわずか数センテンスでやってしまう。熟練の技といっていい。

リフレーミングは質問に対する答え以外でも使える。たとえば、自分が他人や仲間、世の中にインプットされている否定的な印象やイメージがあったとしよう。その思考の枠組み（フレーム）を前提としながら、まったく別のフレームに再構成していくトランプのスキルを紹介しよう。

「私は人生を通じて、貪欲で、貪欲で、貪欲だった。獲得しえるすべての金をつかみとった。私は超貪欲なのだ。しかしいまの私は、アメリカのために貪欲になりたい。アメリカのためにすべての金をつかみとりたい。私はアメリカのために貪欲になるんだ」（2016年1月28日、アイオワ州での演説）

これは自分に対する否定的な社会評価のひとつ「貪欲」を逆手にとった論法だ。貪欲さを、富を稼ぐパワーと再定義し、それを、アメリカを豊かにするために使うというポジティブなメッセージへの転換に成功している。

リフレーミングの達人であるトランプは当然、**「フレーミング」**の使い手だ。相手のつくった思考の型を再構築するのがリフレーミングだとすれば、**フレーミングは相手を自分が設計した型にはめてしまう説得術**である。自分に都合のいいように、影響したい相手の思考の枠組みを操作してしまうのだ。

まず、トランプがヒラリー・クリントンを描写するときに必ず使う表現がある。「**クリントンはアメリカ史上最低の国務長官**」だという設定だ。このようにある人の評価をある型にはめてしまう。もちろん、国務長官としてのクリントンを細かく評価すれば、いい点もあれば悪い点もあるだろう。しかし、それとは関係なく、史上最低だという基準点を決めてしまうのだ。

■問題の切り取り方を変える

日常会話でも「彼って最低なの」と基準点をきめて話してくれれば、少しは聞く気になる。それを「ああだったの」「こうだったの」と痴話話のようなディテールで語られると、聞く気が失せる。表現の仕方で印象はとんでもなく変わるのだ。

それは対象の「切り取り方」といってもいい。同じクジでも、「当たる確率が10％もあります」というのと「90％の確率ではずれます」とでは、印象は大きく変わる。表現の仕方によって、まったく違うように見せることが可能になる。

自分の評価について新たな基準点を設定して、印象を変えるのもフレーミングだ。

女性差別発言で糾弾されたときは、トランプは次のツイッター発言で女性に対する自分の印象を変えさせた。

「ドナルド・トランプ以上に女性を尊重している人はほかにいない」（２０１６年3月27日、公式ツイッターでの発言）

世の中の多くの人は、物事や人を最高か最低の２つの型にはめて把握する。勝者か敗者か、有能か無能か、腐敗しているか清廉かなどだ。

トランプはその人間心理を前提に、「トランプおよびトランプが知っている人は最高で、勝者で、有能であるが、それ以外は誰も役に立たない」という世界観を設定するのである。

この思考の枠を有権者にはめてしまえば、都合がよくなる。アメリカがかかえるどんな難問でも、自分以外に解決者がいないことを示せるのだ。

たとえば、中国との貿易問題をどうやって解決するのですか、と聞かれればこう答える。

「私は最高の人材を知っている。例えば、カール・アイカーンだ。彼を中国との交渉にあたらせる。彼は本当にすごいやつだ」（２０１５年8月19日、「ＣＮＮ」インタビュー）

といった具合だ。人に焦点があたった話はわかりやすいし、貿易問題について難解な説明をする必要もない。

討論会においては当然、もっと具体的な説明が求められる。その役はほかの候補者に任せて、難しく説明してもらえばいい。トランプはあまり口を出さない。しかし、最後は「実際の取引は、最高の交渉人である自分と友達に任せてくれ」と締め、すべてをかっさらっていく。自分が最高だというフレーミングをしたもの勝ちである。

国内政治の問題でも同様だ。「(自分以外の)政治家は、最低で敗者で無能だから」とフレーミング済みである。だから、「俺たち有能なものの出番だ」と主張できる。ほかの人たちの能力は当然、俺たち以下だから出番はないし、彼らが大統領になっても意味がない。

実際、こんな風な表現をつかっている。

(中東政策が間違っている)「オバマやクリントンが『イスラム国』を創設してしまった。(中略)私以外の誰が解決できるか?」(2016年8月10日、フロリダ州での演説)

トランプは、報道されるような、世の中を善と悪に単純に二分するような暗い世界観の持ち主ではない。どちらかといえば、「しょうがないな」「俺がやるしかないな」という雰囲気を醸し出すような絶妙なフレーミングをしているのだ。

■ダブルバインドで相手を翻弄する

フレーミングやリフレーミングの重要性はよくわかった。

しかし、実際の討論会や日常生活の言い争いにおいて、もっと身近に使えるテクニックはないのか。

一番役立つのが、トランプの必殺技「ダブルバインド（二重拘束）」だ。**複数の矛盾したメッセージを投げかけ、相手の心を縛っていくことばの罠の一種である。**

メッセージをうけとった方は当然、混乱する。しかし、なにか応じなければならないから、どうしても焦ってしまう。そんな相手の精神の混乱につけこんで、自分に有利な議論を展開する技術である。

トランプの場合、相手の反応の如何にかかわらず、自分が優れて見え、相手がバカに見えてしまう巧妙な罠をかけるのが得意だ。

では、トランプが実際、ダブルバインドを炸裂させた場面を例に出す。共和党予備選の討論会（２０１５年12月15日、ＣＮＮ共和党討論会）で、ジェブ・ブッシュ（フロリダ州知事で兄は元大統領のジョージ・W・ブッシュ）からの詰問に対して仕掛けたシーンである。

ブッシュ「あなたは9月30日に『イスラム国』は問題ではないと言いましたね」

トランプ「私が話しているんですか。それとも、あなたが話しているんですか」

ブッシュ「今は私が話しているんです」

トランプ「もう帰っていいよ。何も話してないじゃないか。私の話の邪魔をしただけだ、ジェブ」

ブッシュ「9月30日のことだ。確かにあなたはそう言いました」

トランプ「謝るのか、ジェブ？　『（答えは）ノー！（だろう？）』。私の話を終わらせてもいいですか？」

司会者　「はい、どうぞ。トランプさん」

ブッシュはここで混乱し、途方に暮れてしまった。会場では笑いも起きた。その様子はテレビで全米に流れ、当時、大統領候補として最有力との前評判の高かったブッシュのイメージが失墜した瞬間である。アメリカ大統領になるべき人物は一瞬たりともそんな顔をしてはならないのだ。対するトランプは、ふてぶてしいまでに自信満々に見えた。

ただの子どもっぽいけんかのようにみえるが、どこがダブルバインドの罠なのか。

■トランプがブッシュにかけた罠

ブッシュの立場から、上記のシーンを見直してみよう。

ブッシュはトランプ発言の問題点について指摘した。ところが、そこにトランプが突然、割って入った。ブッシュは「私が話しているか？　あなたが話しているか？」と言われ混乱する。私が話しているのに決まっているじゃないか。しかし、そう答えると「何も話してないじゃないか。私の話の邪魔をしただけだ」と言われ、ますます混乱する。

追い討ちをかけるように、「あなたは謝っているのですか？」とトランプが切り込んでくる。ブッシュは、自分が謝る必要などないことはわかっているが、なんと答えればいいのかわからない。迷っていると、「ノー」とトランプ本人が自分の代わりに返事までしている。ブッシュはさらに混乱する。全米向け討論会の最中なので、適切なことばを発しなければならないのに、何も言えない。そうこうしているうちに、トランプに話す番をとられてしまった。

ブッシュはどこでトランプに二重拘束されてしまったのか。

こまかく見ていこう。

トランプは「謝るのか？」のメッセージで、２つの選択肢をブッシュに提示した。

1　「ノー」と回答する

2　質問に答えないで話を再開する。

一見すると、2番をとるのが正解のような気がする。

トランプのくだらない言いがかりを遮って、話を再開したらいいだけだ。

しかし、そうはいかない。トランプは「あなたは私の話の邪魔をした」とブッシュを妨害者として非難済みである。

もし続けて邪魔をすると、全米の視聴者に〝無礼な人〟に見えてしまう。ブッシュの負けだ。これが、トランプが仕掛けた第1の罠だ。

案の定、ブッシュはこの罠に引っ掛かってしまった。ブッシュが話を再開した瞬間、トランプは一言でとどめをさした。

「またか（Again）」

ブッシュの無礼さを聴衆に伝えるにはこれで十分だった。

では、1番目の「ノー」と回答するのはどうか。

トランプは自分で「ノー」といって、ブッシュがこの回答をするのを封じていた。ブッシュにとっても、相手の誘導どおりに返事をするのは格好わるい。仮に「ノー」と返事したとしても、割り込んだことを謝らない〝嫌な人〟に見えてしまう。第2の罠だ。こちらもブッシュの負けだ。

もちろん、「イエス」という回答もありだが、何も悪いことをしていないのだから、そのオプションはさすがにない。仮に謝ったとしても、ブッシュの負けだ。

つまり、この二重に拘束された枠組みの中で、トランプがブッシュに提示した選択肢は、いずれも自分を勝利に導くものだったのだ。「ノー」と言っても、質問に答えなくても、あるいは「イエス」と言っても、トランプの思いのままになったのだ。これがダブルバインドの威力である。

別の言い方をすれば、トランプがまったく新しいゲームを作り出しているようなものだ。

しかし、相手はそのルールどころかゲームが行われていることさえ知らない。そして、知らぬ間に参加させられているのだから、相手が誰だろうがトランプが絶対勝つ。

トランプがブッシュに仕掛けた、もう一つのダブルバインドの例を紹介しよう。

同じく、大統領予備選の討論会でのことだ。トランプは終始、ブッシュのことを**「覇気がない」**と冷かしていた。この罠にブッシュはどう対処すべきか。

いつもの自分よりテンション高くふるまえば、トランプの冷やかしに反応しているようにみえる。しかも、トランプから**「今日は元気がいいじゃないか！」**とからかわれる。

冷静を装って、「ドナルド、あなたには私をコントロールできませんよ」と言い返しても同じだ。**「今日は元気がいいじゃないか！」**といじられる。

無視しつづけ、得意の政策議論に持ち込み、トランプを論破しようとしてもムダだ。**「君こそタフ・ガイだ。気に入ったよ」**と揶揄されて終わり。会場に笑いが起こり、ブッシュが真剣に話していた重要な議論など一瞬にして吹き飛んでしまう。

どの選択肢をとっても、結局、トランプが勝つのだ。

■自分で答えを発見したかのような感動を提供する

ここまで読んだあなたは、トランプが討論において、合理的な論証をいちども重ねていないことに気付いているはずだ。数字やデータもまったくといっていいほど使わない。

その理由は簡単だ。人が判断を下す部分の脳は、仮説や論理、数値といったものの情報処理が得意ではないからだ。得意なのは**「経験則」**による一瞬の決断だ。直観が働き、感情が動かされれば、なおのことよく機能する。

経験則とは、今まで経験してきた試行錯誤でうまくいったことを良しとする考え方のことだ。

人類はこの原則にしたがって、これまで生き残ってきたのだ。

具体的にどんなものか。

何度も言い伝えられたもの（同語反復）は正しく、みんなが賛成するもの（多数輪唱）は正

しく、社会的に認められているもの（ソーシャルプルーフ）**は正しかった。それらは「既知の真理」**（フランスの論理学者ラムス）**なのである。**人の脳が働く仕組みは昔から何も変わっていない。だから、いまも正しいのだ。

計算に基づく裏付けや、苦労してたどりついた証拠などより、人を動かすのは感情である。厳密な仮説を積み上げていくより、あらかじめある思考の枠組みを当てはめてあげたほうが頭はよく働く。

そのために、フレーミングやリフレーミング、ダブルバインドなどの技術が生まれてきた。人は、自分で考えて問題を解決するより、解決された問題を「発見」するほうを好む。そのほうが簡単だからだ。

世の中は危険と絶望に満ち溢れていて、論理的に考えている暇などない。

だから、トランプは聞き手に問題を考えさせないし、解決に導く有力な証拠も出さない。代わりに、過激なトークをまじえながら日常的な事例をあいまいに提示する。そして、聞き手自らがあたかも自分で答えを発見（自己論証）したかのような感動を提供しているのである。

それはまさに古代の弁論術で「発見技法」という名称で呼ばれていた。「その目的は論証と感動である」と定義されている。トランプの演説技法そのままである。

要するに、トランプの説得術は、人類が積み上げてきた経験則と脳の発展段階、古代弁論術のすべてに合致したものだったのだ。

他の政治家はみな、それらに反したことをしているのだから、トランプが討論で勝利するのは、当然の結果である。

3章

クリントンを陥れたトランプの「黒ブランド」戦略

■「心が歪んだヒラリー」

トランプは「暴言王」と呼ばれている。

とくに大統領選の敵手ヒラリー・クリントンに対する暴言は容赦ない。誹謗中傷と批判されることもしばしばである。

人を口汚くののしったり、けなしたりする人は、ふつう、嫌われていく。ところが、トランプの場合はそうならない。国民的な人気を維持するどころか、支持率が向上していく。

それは、なぜか。

彼のつく悪口はただのネガティブ発言ではないからだ。その背後にはトランプの緻密な悪口マーケティング調査と巧妙な悪口ブランド戦略が隠されている。

クリントンも負けてはいない。現在、彼女のトランプへの悪口は日に日にその過激度を増している。しかし、トランプとは反対の効果を生んでいる。悪口をつけばつくほど、クリントンの支持率は下がっていく。

両者のネガティブ・キャンペーンについて、日本の報道では「アメリカ大統領選お決まりの『中傷合戦』」などと解説されるが、とんでもない。

トランプ側の悪口には、プロの説得技術がぎっしり詰まっている。トランプの「黒ブランド」戦略と呼ぶにふさわしいものだ。だから、クリントンとは歴然とした結果の差を生む。

では、トランプはクリントンに対して、どんな悪口を使ったのか。

よく使っていたのは「心のないヒラリー（Heartless Hillary）」だ。その次が「心が歪んだヒラリー（Crooked Hillary）」だった。ほかには、「不安定なヒラリー（Unstable Hillary）」と「無能なヒラリー（Incompetent Hillary）」などもあった。

どのような機会に、こうした悪口を使うのか。

「いつも」である。演説やインタビューなど公の場でクリントンに言及するたびに、悪口をつけて呼ぶ。ツイッターでもフェイスブックでも、悪口をつけて書く。必ず、である。

「世論調査で私への支持率は〝心が歪んだヒラリー〟を超えた」など、普通の文章にも絶えず悪口を挿入する。「〝心のないヒラリー〟は嘘つきだ」「〝心が歪んだヒラリー〟は腐っている」のように、別の悪口とのコンビネーションで相乗効果を図ることもある。

■「悪口の刷り込み」の心理作用――認知バイアスを引き起こすトランプの呪文

トランプはクリントンについて語るとき、この形容詞をつけた定式化された言い回しを呪文のようにたえず使い続けた。

筆者が最初にこのフレーズを耳にしたときには「芝居じみている」と感じたものだった。トランプは当初、とにかく悪口を入れるのを忘れないように必死だったのだろう。ちょっとしたネガティブ・キャンペーンだろうと思っていた。一方で、そんな子どもだましで、大統領選挙を左右できるはずがない、というのが率直な感想だった。

しかし、その印象は間違っていた。この悪口は、その後大衆に対して、驚くほどの心理効果を発揮してきたのだ。

ひたすら繰り返されるCMのナレーションが、頭の中で無意識のうちにリフレインするように、繰り返しは記憶を定着させる。

しばらくすると、クリントンの顔を見たり、その声を聞いたりするたびに、「心のない」「心が歪んだ」という単語が連想されて思い浮かぶようになる。しかも、その心理効果は、時とともに増幅していく。

そして、実際にクリントンをめぐるトラブルのニュースに接すると、それがトランプの悪口と結びついてイメージされる。そして「心がないんだな、やっぱりな」「心が歪んでいるから、そういうことするよな」と、クリントンの印象はどんどん悪くなっていくのだ。

並行してトランプは「心が歪んだヒラリー」についての声明を公式サイトツイッターを通じて、次々と繰り出していく。


「『心が歪んだヒラリー』はアメリカ人を犠牲にして私腹を肥やしてきた。『心が歪んだヒラリ

ー』は長年、アメリカ人一般の利益よりワシントンに巣食う既得権益を優先させてきた。『心が歪んだヒラリー』がこの先4年、ホワイトハウスの仕事に就くようなリスクをわれわれは冒せない」（公式選挙キャンペーンサイト）

このような発言を聞くと、つい筆者もクリントンが過去に起こした問題を調べたくなり、ユーチューブなどの動画サイトで、「ヒラリー・クリントン（Hillary Clinton）＋犯罪（crime）」といったキーワードで検索してしまった。

そんな影響をうけたのは私だけではない。

アメリカ人の友人がこんなことを言っていた。

「以前からクリントンの声が嫌いだったけど、心が歪んでいると言われてそのわけがわかったよ」

この友人は知的で冷静な人物なのだが、その彼がいとも簡単に影響されてしまった。インターネット上にも、トランプに感化されたコメントが無数に見うけられる。

「クリントンの悪行の数々を知って、目が覚めた。いままで長年、民主党候補に投票してきたが、今回、初めて共和党候補に投票することにした。トランプありがとう」（トランプ公式フェイスブック）

郵便はがき

料金受取人払郵便

神田局
承認

3107

101-8791

511

差出有効期間
平成30年5月
20日まで

東京都千代田区
神田神保町1丁目17番地

東京堂出版 行

※本書以外の小社の出版物を購入申込みする場合にご使用下さい。

購入申込書

〔書　名〕	部数	部
〔書　名〕	部数	部

送本は、○印を付けた方法にして下さい。

イ.下記書店へ送本して下さい。
（直接書店にお渡し下さい）

（書店・取次帖合印）

書店様へ＝貴店帖合印を捺印の上ご投函下さい。

ロ.直接送本して下さい。

代金（書籍代＋手数料、冊数に関係なく200円）は、お届けの際に現品と引換えにお支払い下さい。

＊お急ぎのご注文には電話、FAXもご利用下さい。
電話 03-3233-3741㈹
FAX 03-3233-3746

愛読者カード

〈本書の書名〉

フリガナ お名前	年齢 歳	男 女

ご住所　（郵便番号　　　）

電話番号　（　　　）

メールアドレス　@

ご職業	本書をどこでご購入されましたか。 都・道　府・県　市・区　ネット書店　書店

■お買い求めの動機をお聞かせ下さい。（複数回答可）

A 新聞・雑誌の広告で（紙・誌名　　　）

B 新聞・雑誌の書評で（紙・誌名　　　）

C 人にすすめられて　D 小社のホームページで　E インターネットで

F 書店で実物を見て　（1.テーマに関心がある　2.著者に関心がある　3.装丁にひかれた　4.タイトルにひかれた）

■本書のご感想、お読みになりたいテーマなどご自由にお書き下さい。

■ご関心のある読書分野（複数回答可）

A 日本語・ことば　B 外国語・英語　C 人名・地名　D 歴史・文学

E 民俗・宗教　F 自然・気象　趣味（G マジック　H ハーブ・アロマ　I 鉄道　J その他　　　）　K その他（　　　）

★ご協力ありがとうございました。ご記入いただきました個人情報は、小社の愛読者名簿への登録、出版案内等の送付・配信以外の目的には使用しません。愛読者名簿に登録のうえ、出版物のご案内をしてよろしいでしょうか。

（□ はい　　□ いいえ）

なお、上記に記入がない場合は、「いいえ」として扱わせていただきます。

心理学を少しでもかじっていれば、こうした効果や行動は「**確証バイアス**」によるものだとわかる。**先入観や偏見を持って人や物を見たとき、それと合致するものばかり記憶されてしまうという認知バイアス（認知の偏り、歪み）の一種だ。**

さらに、**認知バイアスにはまると、先入観を補強、強化する情報ばかりを集めるようになる。**まさに、筆者がとった行動だ。その結果、本来は稀な事象かもしれない確率（たとえば、クリントンが問題を起こす確率）を過大評価しがちとなるのだ。

そんな難しい専門用語を使わずとも、認知バイアスによる人物評価は日常生活でもよくみうけられる。

「あの人は大雑把だ」と決めつけてしまえば、その後、どれだけその人が几帳面な行動をとっても印象は変わらない。むしろ、その人物の大雑把な行動だけが目について、「やっぱり大雑把なんだ」と再確認してしまったりする。

新興宗教などに一度洗脳されると、なかなか抜け出せないのも似た心理だ。いくら家族や友達が必死になって脱出させようとしてもうまくいかない。確証バイアスにかかると、自分の信念を裏付ける情報を重視し、それを覆すような情報を軽視する傾向が顕著になる。もっと深刻な場合、外界を完全排除し、自分をシャットダウンしてしまう。

トランプの狙いはまさにここにある。

どれだけ偏見に満ちていようが、心理的な影響ほど人間を支配するものはないのだ。

しかし、政治の世界ではこれぐらいのレッテル貼りは日常茶飯事ではないか、と思われるむきもあろう。

■悪口によるブランド戦略

だが、トランプの場合、その完成度において次元が異なる。企業が商品に対して行う「ブランド戦略」を応用しているのだ。

初めのうち、トランプはクリントンを形容するとき、複数の形容詞を使っていた。すでに紹介した「心のないヒラリー」「心が歪んだヒラリー」「不安定なヒラリー」「無能なヒラリー」などだ。

ところが、それが最終的に「心が歪んだヒラリー」一つに絞られた。これをクリントンのブランドにすることを最終的に決定したのだ。

どういうことか。

当初、トランプは複数の悪口を発しながら、人気のあった2つの悪口ブランドのマーケット調査をしていたのだ。

演説の中で「心のない」と「心が歪んだ」を並行して使い、どちらの悪口で観客が沸くか。

ツイッターでどちらの悪口が多くつぶやかれ、リツイートされるか。どちらがニュースでとりあげられやすいか。入念にチェックしていたのだ。

その結果、「心が歪んだ」の波及効果のほうが高いとわかったというわけだ。

トランプ本人も**「私はどういうわけか、『心が歪んだヒラリー』のほうが『心のないヒラリー』より好きだ」**（２０１６年5月20日、ケンタッキー州での演説）と述べ、比較していたことを認めている。

また、テレビ番組で、これがブランド戦略だということを次のように明かしている。

「私はヒラリーを『心が歪んだ』とブランド化した。その理由は、彼女がたくさんの問題を起こしているからだ」（２０１６年4月20日、「ＦＯＸニュース」インタビュー）

しかし、これではブランド化ではなく、単なる中傷ではないのか。だが、トランプはそうではないという。

「私は人々を正直にブランド化するのが好きなんだ」（同）

と正当化する。

他方でトランプは、クリントンの自分に対する悪口はブランド化とは違うという。

どこが違うのか。


「彼女（クリントン）は私の話し方のトーンについて語っている。これがわが国の指導者の問題点だ。彼らは（政治の）成果より、トーンを心配している。大事なのは愛想よくすることではない。有能であることだ」（2015年7月14日、トランプ公式フェイスブック）

言い換えれば、こういう意味だ。

クリントンは「有能な」私自身のことを正しく表現していない。私の愛想のよくない「話す調子」に気がとらわれている。そんなことを気にするよりも、政治家はちゃんと結果を出せ、と皮肉っているのだ。それと同時に、自身の「暴言」については「話し方のトーンに過ぎない」と、自分のことは棚に上げる。

またトランプは、クリントンの悪口をけん制して、こうも言っている。


「彼らは私にきつく当たってくるだろう。彼らがしているのは、あらゆる種類の『対立候補の

身辺調査（オポジション・リサーチ）』だ。もし彼らがその調査結果を少しでも使えば、報復があるだろう。そうなるだろうけれど。もし彼らが私を公平に扱えば、私も公平に彼らを扱う」（２０１６年４月20日、「ＦＯＸニュース」インタビュー）

トランプの言う「彼ら」とは、クリントンの弁護士や選挙スタッフを指す。弁護士出身のクリントンは、選挙運動チームの重要ポジションを弁護士出身者で固めている。

対立候補のあら探しをする「オポジション・リサーチ（身辺調査）」をして、その結果をもとに、ネガティブ・キャンペーンを展開する。それはアメリカの選挙運動の常套手段である。面白いのは、トランプはそれを自分に対してやってはならない、と警告しているのだ。もしやったら、**「脅迫論証」（2章参照）**を使って報復するぞとまでいって、従来の選挙手法を茶化しているのだ。

トランプは自分が行っているのは「真っ当なブランド化」であって、クリントンの代理人がやっているようなオポジション・リサーチとは別物だと、主張しているのだ。

■相手をおとしめるための戦略

さて、クリントンのブランド名は「心が歪んだヒラリー」に決まった。次に打つのはどんな手なのか。

トランプはすぐさま、「心が歪んだヒラリー・ドット・コム――世界一流の嘘つき」というウェブサイトを立ち上げた。「心が歪んだヒラリー」の発言やニュース、逸話、昔話などを網羅したサイトだ。

独自コンテンツも充実している。スマートフォン向けゲーム「ポケモンGO」の人気にもあやかって、クリントンをモンスターに仕立てて捕らえるパロディー・ゲーム動画まで用意されている。その名も「心が歪んだヒラリーNO！」だ。

モンスターの説明文も芸が細かい。

「モンスターの種類：職業政治家。削除したEメール：3万件。よくアメリカ国民に嘘をついているところを発見される……。次の進化：無職」。再生回数は1200万回を超える（2016年8月末現在）。これをシェアしたトランプの公式フェイスブックページには、24万件の「いいね！」がつき、5万4000件のコメントが入っている。

ビジネスの定石どおりだ。マーケット調査のあとにくるのが、こうした巧みなブランディング戦略である。

もちろん悪口のブランディングなど聞いたことがない、という人がほとんどだろう。しかし、政治のほうがビジネスの世界よりずっと簡単である。

民間企業なら、同じ商品に複数のブランド名をつけ、全国に売り出した後の反応をみてからブランド名を最終決定する、などといったプロセスを実行するのはきわめて難しい。消費者に混乱をきたすし、コストも何倍もかかるからだ。

しかし、政治における商品とは、政治家が発する「ことば」である。ことばは形がなく、しかも、タダだから、あとでいくらでも修正がきく。

ユニークなのは、これが「ライバル商品を誹謗中傷するためだけのブランド」である点だ。ビジネスの世界では不可能だ。しかし、政治ならば可能なのである。クリントンという競合商品に（ネガティブ）ブランド名をつける、という民間企業のビジネスではありえない離れ業が可能なのである。

■議論の白熱化がブランド宣伝につながる

さて、トランプが「心が歪んだ」と「心のない」の効果測定をしている間、一般の人たちもブログやSNSでこの問題について議論していた。それこそまさにトランプが目論んでいたことだ。議論が白熱すればするほど、宣伝効果が高まる。さらに、専門家も議論に加わった。

政治言語学の専門家はトランプがクリントンに対して「心が歪んだ」という文句を選んだのは正しい、と言う。一方の「心のない」のほうは、意味論的にクリントンからの反論がしやすいのがその理由だ。「私は政治家として、心をもって、尽くしてきた。女性のために、黒人のために、移民や少数派のために……」と言われれば、再反論するのは容易ではない。本当に「心のない」人間など、そうはいないからだ。「心が歪んでいる」というのは主観的判断なのに対して、「心がないかどうか」には客観的判断が求められる。

別の専門家によると、「心のないヒラリー」はよく練られているという。「心のない（Heartless）」も「ヒラリー（Hillary）」も、ともに「H」で始まり、アクセントが第1音節にあることから、頭に韻を踏む、つまり頭韻法を活用しているのがその理由だ。

頭韻法は短いフレーズにハイライトを当て、快いリズムをもたらし、音楽的雰囲気を醸し出す。政治集会でみんなで唱和するのに適しているのだ。実際に有名なブランド名にも、この頭韻法を考慮して作られているものは少なくない。なかでも最高傑作と言われるのが「コカ・コーラ（Coca Cola）」だ。

じつは、トランプはもう一つ頭韻法（2つのH）を使ったあだ名を一時的に使っていた。「Heartless Hypocrites Like the Clintons（クリントン夫妻のような心のない偽善者）」。見ればわかるように「H」を2回重ねている。トランプがブランド名を考案する際、韻の踏み方まで考慮していることがよくわかる。

この言い回しはヒラリー・クリントンとセットで、元大統領の夫ビル・クリントンを攻撃するために使っていたものだ。クリントンの支持層は、本人への純粋な支持というより、夫への根強い人気に支えられている。また、そのビルが代表を務めるクリントン財団が慈善のためではなく、私欲を肥やすための団体だとする報道が盛り上がっていたころだ。夫のブランドを失墜させることで、妻ヒラリーをセットでおとしめる作戦だったが、ウケはあまりよくなかった。

また別の専門家はやはり、「心が歪んだ」のほうが選挙戦略上は正解だとコメントする。「Crooked」は、「心が歪んだ」という意味だが、文脈やシチュエーションによって「体が歪んだ（体調が悪い）」という状態も想起させる単語である。**このように両義的な意味をもつ単語を「ダブル・エントンドル（二重表現）」（仏：double entendre）というが**、トランプのすごいところは、初めから意図して「Crooked」のようなダブル・エントンドルなことばを選んでいる点だ。

どこがすごいのか。

クリントンは健康問題を抱えている。選挙の終盤になれば、政策の違いなど関係ない。どちらが健康かという体力勝負になった際、この悪口は効いてくる。

必ずしも体調が悪くみえなくても、「Crooked」ということばを耳にし続けていればどうなるか。年相応に老化しているのだという印象が強まり、だんだん万全な体調には見えなくなっていく。そしていつのまにか、大統領という激務に彼女は耐えられないはずだと思うようになる。この単語を使うことで、そのような先入観が時間をかけて強化されていくのだ。

さっそく、トランプは2016年8月29日のツイートで両義性をつかったネガティブ・ブランド化を開始している。

「二人の候補者、心（体）が歪んだヒラリーと私は詳細な健康診断書を提出するべきである。私はそうすることに何の問題はない。ヒラリーはどうか」

トランプの先制攻撃は的中し、2016年9月、クリントンは9・11の式典中に倒れ、緊急入院した。肺炎と診断された。その数日後、トランプは健康テレビ番組に出演し、ここぞとばかりに医師による診断記録を公開。

「いつも血圧は良好だ。健康ではない者には大統領はつとまらない」（2016年9月14日、健康テレビ番組「ドクター・オズ・ショー」での発言）

とクリントンの健康問題に触れた。

■ブランド戦略がないクリントン

ここまでトランプにやられて、クリントンのほうは反撃しないのか。じつは何度も反撃を試みているのだが、いつも不発に終わっているのである。なぜか。実例をあげながら、理由をみていこう。

クリントンがかつてトランプに対して使っていた悪口は2つある。**「おこがましいドナルド」**と**「危ないドナルド」**だ。

1つ目の悪口の原語「Presumptuous」は「おこがましい、差し出がましい、無遠慮な」という意味だ。だが、ちっとも流行らなかった。理由はたくさんある。

まず、4音節と長すぎて、発音しづらい。2音節目にアクセントがあり、ドナルドと組み合わせて発音するとリズム感がない。覚えづらく、選挙集会で唱和できない。それ以前に、クリントンがいくら叫んでも、多くの人は意味さえ知らない。そんな難解な単語を選んでしまったのは初歩的なミスだ。

しかし最大の問題は、これが悪口になっていないことだ。トランプがおこがましくて、差し出がましくて、無遠慮な性格であることは誰でも知っている。

意外性がゼロであれば、ニュースにもならない。大衆の気を引く「心が歪んだ」とは大違いだ。絶対的なクリントン支持者でも、「トランプはなぜ心が歪んだと呼ぶのか」というように、少しは気になる。トランプに対して「無遠慮だ」と言っても、熱烈なトランプ支持層は無遠慮以上に傲慢な彼が好きなのだから、そんなことを言われても痛くも痒くもない。

2つ目の「危ないドナルド」も不発に終わった。傲慢で「危険なところ」が彼の持ち味だ。政治家の既成概念にとらわれていないその危険さから、「何かやってくれそうだ！」と期待感が高まっているのだ。悪口どころか、ほめことばになっている。

クリントンの場合、トランプと比べて、悪口の完成度が低すぎるのだ。だが、問題はそれだけではない。

嫌な悪口とは、敵対する相手をおとしめるためのネガティブ・ブランド戦略である。この戦略が成功する前提として、自分のポジティブ・ブランドを確立していなければならない。

それはトランプの場合、「アメリカを再び偉大に！」だ。立候補を表明した最初の演説から一貫した選挙スローガンである。賛否両論はあれ、誰もがそのフレーズを記憶している。トランプの政治家としてのブランドそのものだ。

一方のクリントンには、ブランドがない。明確なスローガンも存在しない。2016年8月現在、クリントンのスローガンは「Hillary for America（アメリカのためのヒラリー）」となっているが、これではメッセージがあいまいなばかりか、ブランドを位置づける独自性が何もない。政治家ならアメリカのために尽くすのは当然のことで、「Hillary for America」では何も語っていないに等しい。それどころか、かえってうぬぼれた印象すら与えてしまう。

以前、クリントンはトランプに対抗して鳴り物入りで使っていたスローガンがある。「Love Trumps（トランプス）Hate（愛は憎しみに優る）」である。

「Trump（トランプ）」という単語は政敵のトランプを指すとともに、「優る」という意味の動詞でもある。ここで主語の「Love（愛）」はクリントンを指し、トランプを「Hate（憎しみ）」と結び付けて、クリントンはトランプに勝る、というニュアンスを伝えるのが狙いだった。このスローガンをみながうけいれれば、クリントンは愛の象徴になるはずだった。しかし、結果は大失敗だった。

まず、「Trump」の動詞形はアメリカ人にすらなじみが薄い。説明を聞かないかぎり、もとの意味も頭に入ってこない。

そして、肝心の狙いも外れた。多くの人には、「Love Trump」（トランプを愛せよ！）というメッセージに聞こえてしまったのである。これではトランプを憎しみの象徴として位置づけるどころか、クリントンがクリントンの支持者に対して、「トランプを愛せよ！」と呼びかけているようなものである。

■クリントンがトランプを宣伝？

この失敗ののち、クリントンは新たなスローガンを打ち出した。「Stronger together」だ。「一緒の方が強い」「共にいてこそさらに強い」といった意味だ。しかし、何も伝わってこない。「だから何？」という印象をうける。

あえて分析すれば、「Stronger（より強い）」と言われて思い出す存在は、クリントンより強そうなトランプだ。「Together（一緒に）」は協調性の高い女性が好むことばで、女性を連想させる。その2つを組み合わせれば、「トランプと共に女性国民がより強く！」といった含意になる。

つまり「トランプを愛せよ！」と同様、トランプを応援するブランディングになってしまっている。

クリントンの公式選挙キャンペーンサイトをみても同じだ。トップページの動画には、トランプばかりが映し出される。もちろん、彼のひどい（とクリントン陣営がみなす）発言がピックアップされているが、結局のところ、トランプの主張の宣伝になっている。

もっとひどいのは、このサイトにアクセスするたびに「ポップアップ画面」がでてくることだ。そこには「トランプに投票しない誓い」と書いてあり、YESボタンを押さないとクリントンのサイトにたどり着けない仕掛けになっている。

逆効果だ。投票するな、投票するな、と嫌がらせのように何度も言われれば、かえって「投票したくなる」のが人間心理である。

さらに問題なのは、肝心な「なぜ彼女に投票すべきか」が書かれていない点だ。自分のサイトなのに、クリントンのポジティブなブランド・メッセージがでてこない。25年間、政治家をしてきて政治目標のひとつも明確に示せていない。

クリントンはツイッターでも同じ間違いを犯している。大半がトランプ発言の引用とそれに対する批判なのだ。トランプのツイッターはどうかといえば、ほとんどすべて自分自身についてのつぶやきだ。国民はどちらをみても、トランプのメッセージに接することになる。

トランプの公式サイトは当然、トランプ一色のブランドで統一されている。クリントン色は一切でてこない。さきほど紹介したように、クリントンのネガティブ・ブランド化は、別サイト（心が歪んだヒラリー・ドット・コム）で運営されている。

トランプは、**自社ブランドの価値向上と他社ブランドへの攻撃という目標を明確に切り分けた活動をしている。**そうしたマーケティングの基本をクリントンはまったくわかっていない。

そのうえトランプは、メインブランド「心が歪んだヒラリー」から派生したサブブランドまで用意している。「心が歪んだメディア」だ。

「私は『心が歪んだヒラリー』とだけ戦っているのではない。私は『心が歪んだメディア』とも戦っているのだ」とトランプは叫ぶ。そして、そう呼ぶ理由を述べる。

「今、この集会について語られた真のメッセージ、そしてここに集まったみんなの情熱について、メディアは正確に報道しない」（２０１６年８月14日、ツイッターでの発言）

「ヒラリーはみんなのことを、こう表現した。『トランプの支持者の半分は惨めな人たちだ。人種差別的で、性差別的で、人間嫌いで、外国人嫌いだ』（筆者注：クリントンの実際の発言）と。何百万人のアメリカ人に対する、彼女の本当の感情、強い敵対感情と憎しみがあふれ出たんだ」（２０１６年９月10日、ツイッターでの発言）

「そんな不誠実で、腐敗したメディア、そしてヒラリーが自分のためにそんなメディアを守っていることについて、戦っているのだ」（２０１６年８月15日、ツイッターでの発言）

派生ブランドを登場させたことで、トランプが何と戦っているのかが鮮明になったのである。つまり、クリントンもメディアも同類で、双方の心が歪んだ「本質」は同じだと語っているのだ。

逸話を通じて、アメリカの庶民の心と乖離してしまった存在としてこの二つを位置づけることにも成功している。

トランプにとって、クリントンやメディアへの悪口は中傷ではなく、心理学でいう「本質主義」に根ざしている。**本質主義とは、ある物や人の存在は、それ以外には考えられない、ひとつの決定的な特性（＝本質）から成り立つという見方**だ。

つまり、「心が歪んだ」とはクリントンやメディアに対する「悪口」ではない。クリントンとメディアとは本質的に「心が歪んだ」存在そのものである。その本質をトランプは悪口という手段で言語化しているにすぎない。そう位置付けているのだ。

そんな心が歪んだ2つの巨悪ブランドが、偉大なアメリカをおとしめてきた。その状況を見るに見かねて、私、トランプが一人立ち上がった。「アメリカを再び偉大な国に！」という対抗ブランドを立ち上げ、アメリカのために戦っている。そのことを観衆が立体的に理解できるようなブランド・ポジションをトランプは打ち立てたのである。

■無難ゆえに心に響かないスローガン

クリントンのスローガンの中に、ひとつだけ、トランプの気配を感じない独自なものがある。

それは「Ready for Hillary?」だ。

「ヒラリー（が大統領になる）準備はいいですか？」という意味だが、残念ながら、これも何も伝わってこない。

アメリカの著名なコメディアンで司会者のビル・マーはこのスローガンについて、病院で「いまから注射よろしいですか」（Ready for a shot）」といわれるような事務的な感じがする、と笑いのネタにした。「Ready」は「いつでも（○○をうけ入れる）状態」を指しているだけで、感情や行動をまったく刺激しない。いかにも弁護士出身のクリントンらしい毒にも薬にもならない事務的なブランド・メッセージである。

がんばって深読みすれば「ヒラリーがアメリカ最初の女性大統領になるのよ！　期待してるでしょ！　みんな、スタンバイOK？」というメッセージなのかもしれない。観客は熱狂して「Yes！」と答えることを想定したのだろうか。しかし、クリントンはそもそも自己認識を誤っている。

ヒラリー・クリントンは夫ビル・クリントン大統領のファースト・レディとして、また、国務長官として長年、アメリカ政治の中心にいた人物である。好き嫌いは別として、もうみんな彼女のことを見飽きている。その彼女が新人のアイドルのように「スタンバイOK？」と言っても響かない。案の定、ほかのスローガンと同じく、すぐに引っ込めてしまった。

さきほど述べたように、クリントンは選挙スタッフを弁護士出身者で固めている。そのため、いくつスローガンをつくってみても、無難なものを選んでしまうのだ。トランプと違って、一定の許容範囲や法的な問題のなさを優先しているため、国民心理に届かない。でも、本人たちはそのことに気づかない。
トランプに比べて、クリントンのブランド戦略は稚拙すぎて、完全に的を外しているといえよう。

■トランプとクリントンのブランド戦略の違い

では、トランプ・ブランドの巧みさの本質はどこにあるのか。

長年、グローバル・ブランドの構築に携わってきた専門家メリー・パワーズが分析している（2016年4月1日付、「ザ・ワールド・ポスト」）。
パワーズはトランプ・ブランドは「きわめてよく構築されているブランド」と結論づける。そこには、よいブランドを構成する5つの必須要素がすべて含まれているという。パワーズの分析を紹介しつつ、クリントン・ブランドとの比較考察をしてみよう。

よいブランドを構成する5つの必須要素（パワーズによる）

1. ユニークなポジショニング
2. はっきりと定義された目的

3．ブランド価値
4．ブランド・パーソナリティ（人格）
5．説得力のあるメッセージ

1．ユニークなポジショニング

「『アメリカを再び偉大に！』。いいブランドがみなそうであるように、シンプルだ。簡単に覚えられる。人々をひきつけ、提供されるものが本当に必要なんだと感じさせてくれる。ここに込められているのは、アメリカはもはや偉大ではないが、かつての偉大さを復活させることは可能であるという概念のメッセージである。みんなが好きなカムバック（再起、返り咲きの）物語である。彼のポジショニングはそれを提供してくれる」（パワーズの前掲記事より。傍線は筆者、以下同）

これがトランプが予備選、本選で勝ち始めた理由だ。

政治では、はっきりとしたポジションとそれにもとづいたメッセージほど重要なものはない。アメリカ国民はみな、トランプ反対派を含め彼のスローガンを知っている。

クリントンの場合、すでに解説したとおり、スローガンさえ定まっていない。ユニークなポジショニングなど存在するはずがない。仮にあったとして、「女性が初めてアメリカ大統領になる物語」ぐらいだ。しかし、その意味することは、クリントンの人生にとっての成功物語であり、大多数の国民は共有できない。できるとしても、国民の中で少数派のフェミニズム信奉者くらいだ。

それでも、クリントンのポジショニングの最大の強みは、女性目線である。男中心のこれまでの旧来の政治から脱却して、女性ならではのきめ細やかな政治というポジションは成り立つ。クリントンの政治集会では、それを期待する女性参加者が中心である。クリントンは、その女性有権者に訴える。

「私は固く信じている。女性にとっていいことは、アメリカにとっていいことだ」（2015年9月5日、ニューハンプシャー州での演説）

トランプはこのわずかなクリントンのポジショニングの強みさえ、封じることを忘れない。トランプは、クリントンのこの立場を「ウーマン・カード（女性であることを切り札とした政治利用）」と得意のフレーミングを施してきたのだ。

女性目線の強みを逆転して、「クリントンはアンチ・メン（反男性）」というネガティブ・メッセージへすり替えるのだ。

たとえば、こんな発言だ。

「ヒラリーのせいで、男はみんな恐怖ですくんで、もはや女に何も言えなくなってしまった」（２０１６年４月26日、５州での予備選勝利をうけた記者会見での発言）

クリントンを直接中傷しているのではない。クリントンに代表される、女性目線でありさえすれば政治的に正しいと見なされがちな世の中の風潮について、本質的に批判しているのだ。それは同時に、男性が女性についてなにか批判的なことをいえば、すぐにセクハラ発言と見なされかねない現在の時として息苦しい男性の置かれた状況や立場を絶妙に代弁している。クリントンが大統領になってしまったら、男性にとってもっと生きづらい世の中になるという未来像が思い浮かぶ。

さきほどの発言に続けて、トランプはこうたたみかけた。

「率直にいって、ヒラリーが男性だったら、５%の票もとれないと思う。彼女が持っている持ち札はウーマン・カードだけだ。ほかに何も提供するものがない。（なのに）皮肉なのは、女性たちが彼女を好きじゃないということだ」（同）

つまり、トランプは女性目線のクリントン・ブランドから想起されるビジョンを無化しようとしているのだ。

それに対してクリントンのほうは、「トランプは女性差別主義者」といった表面的な非難に終始する。もしくは「女性の機会と権利の改善」などの言い古された主張を繰り返すだけだ。これでは有権者の感情は動かない。

ブランド理論によれば、**ビジョンとは「顧客（有権者）に近未来がどう見えて欲しいか」を自ら規定するものだ。**

トランプはこの理論にいつも忠実である。トランプのほうはクリントン・ブランドの立場に立って、「クリントンがもし大統領になったら、こんな未来になりますよ」と有権者の感情を揺さぶることばを使って、そのネガティブな未来を〝見える化〟しているのだ。

次のトランプのことばはその代表作だ。

「ヒラリーは自分の夫すら満足させられないのに、なぜアメリカを満足させられると思うんだい」（2015年4月15日、公式ツイッターでの発言）

対するクリントンは自分のブランドさえ規定できていない。まして、ビジョンは女性であることしかないのだ。

2. はっきりと定義された目的

「トランプ・ブランドの目的は『アメリカへの尊敬を復活させ、アメリカンドリームを蘇らせること』にある。

それゆえに、すべてのアメリカ人の人生を名実ともによりよくすることをめざす。トランプはこのことを、『軍備増強』『雇用創出』『移民追放』『国境建設』によって約束する。賛同しようがしまいが、この目的は金銭でははかれない価値を提供しており、ブランドの存在を引き上げている」（パワーズ）

一方のクリントンのブランドには、目的さえない。公式キャンペーンサイトを見ても、政策一覧があるだけだ。「税制」「健康保険」「国家安全保障」などの大テーマのほか、リベラルな民主党らしい以下のような政策が網羅されている。

「女性の機会と権利」「障がい者権利」「幼児教育」「銃による暴力防止」「家族および医療有給休暇」「動物生物保護」「職業訓練」「刑法改革」等々。

これらを見るかぎり、別にクリントンでなくても、民主党の政治家ならだれでも言い出しそうな政策ばかりだ。要するに、クリントン・ブランド固有の目的がいまだに定義されていないのだ。これでは焦点が絞られず、メディアもとりあげない。ゆえに国民にも伝わらない。だから、トランプ・ブランドと比べて、存在感が希薄なのである。

3. ブランド価値

「トランプのブランド価値には一点の曇りもない。『エリート主義』『不寛容』『特権意識』『対立』『憎悪』である。演説や討論、ツイッター等を通じて、彼はこれらの価値を絶えず明確にする。自らの言動の一つひとつによって、価値に活気を与えていく。ブランド価値に対して、きわめて真摯である。人が賛同しようがしまいが、それが有名ブランドにふさわしい態度である」（パワーズ）

「ブランドの態度」とは聞きなれない単語だが、最新の研究では、「ブランドの態度そのものがブランドを作る」と言われる。これまでは広告を通じて、ブランドが打ち出したい内容をストーリー展開で伝える「ブランドの物語」が重要とされてきた。しかし、どれだけ美しい話をつくりあげようが、中身が伴わなかったり、少しでも偽りがあったりすればＳＮＳ等を通じて化けの皮がはがされてしまう。そんな虚構性を帯びた物語より、ブランド提供者の真摯な姿勢や積極的な対応などが共感を生み、ブランド価値が高まるという意味だ。

たしかにトランプの政治集会や出演するテレビ番組、ツイッターをみていると、自分がやっていることが心から好きで、心から信じていることが伝わってくる。

それはトランプにとって、基本中の基本である。自身、「態度」の重要性について、かねてから講演で力説している。

「ビジネスや人生で積極的な態度を持てないなら、決して成功することはできない」（名言集サイト「quoteaddicts.com」）

「もし自分自身を信じないのなら、他の誰も信じてくれない」（2013年12月21日、公式ツイッターでの発言）

「自分がしていることが好きでないならば、それに対する情熱がないならば、それをあきらめなさい。何か他のことをしなさい。そのほうがずっと成功するだろうし、もう少し幸せな人生になるだろう」（トランプ講演「大きく考えろ！　成功のための10の法則」、録音日不明）

これが選挙に出る前から一貫したトランプの人生への姿勢であり、仕事に向かう態度である。

クリントンの態度も一貫している。予備選の時期は対抗馬バーニー・サンダースに対して、そして今はトランプに対してとっている態度も同じだ。

彼女の選挙運動の中心は、サンダースやトランプの小さな失言やスキャンダルを追いかけ、追及することだ。それがクリントンに一貫した「態度」である。

これは一見攻撃的にみえるが、実は受け身の態度である。さきほども述べたように、相手のブランドを非難することで結果として、敵手のメッセージを繰り返し宣伝しているからである。

クリントンにとって、その態度を通して実現したい価値は、「自分が大統領になる」ことでしかない。

そもそも、クリントンにはブランドの目的がないため、その価値を訴えること自体が不可能なのだ。知名度が高いことと、これまでの政治家としてのキャリアだけしか彼女には強みがない。しかし、クリントンはそのことに気づかず、なおもトランプへの攻撃の手を緩めない。そこでトランプは罠をしかける。


「彼女は私のことや私のビジネスさえも攻撃してくる」（2016年6月22日、ニューヨーク市での演説）

トランプは政治集会やインタビューでそう語って、あたかも自分が少しやり込められているようなふりをする。これは、ボクシングの世界チャンピオンだったモハメド・アリが得意とした消耗作戦である。ロープに追い詰められたふりをしながら、相手にパンチの手数を出させ、消耗させていくのだ。

対戦相手は実際に消耗していく。自分のブランド価値などなく、トランプの言ったことをおうむ返ししているだけだからだ。攻めに攻めて、疲れ果てる。いつしか追い詰めたはずのロープを離れたくなる。トランプがこう言った、ああ言ったといって彼のことばをあげつらうのではなく、自分自身の主張をことばにしたくなる。

そのときの一言がこれだ。「トランプ支持者の半分以上は惨めな人たちだ。人種差別的で、性差別的で、人間嫌いで、外国人嫌いだ」(2016年9月9日、ニューヨーク市での演説)

致命的な失言である。トランプを支持するごくふつうのアメリカ人たちを侮辱したのだ。

トランプはその瞬間を待っていた。対戦相手が無防備になった瞬間に痛烈な一撃を打ち込むのだ。

「ヒラリーは私の支持者を侮辱した。何百万人の素晴らしくて、勤勉なアメリカ人に対して、だ」(2016年9月10日、ツイッターでの発言)

「彼女の本当の感情、強い敵対感情と憎しみがあふれ出たんだ」(同)

「ヒラリーは私の支持者にひどいことを言ったとはいえ、そして、彼女の支持者が私に決して投票しないとはいえ、私は彼らのことをリスペクトしている」（同）

クリントンとトランプ、どちらが本当の悪党か。トランプは国民に問うている。それはちょうどハリウッド映画にありそうなストーリー展開だ。ある人物（トランプ）が悪役として、物語が進行していく。最後にどんでん返しが起こる。善人と思われた人物がとんでもない悪人で偽善者ぶっていたのだ。偽悪ぶっていたトランプは本当は「いいヤツ」という結末だ。

全体を通じてみると、トランプだけが何が起こっているのか本当にわかっているように見える。悪役を演じながら、大統領選挙という世界最大の舞台装置を回しているのは彼だということだ。

4．ブランド・パーソナリティ（人格）

「ブランド・パーソナリティとはブランドに対して、顧客が感知する人格的な特性のことだ。ブランドも人間同様、パーソナリティを持っている。『アグレッシブ』『傲慢』『尊大』『容赦ない』『無神経』『エゴ』……。これらは、トランプ本人の名前を出さずとも、浮かび上がるブラ

ンドの人格描写である。選挙キャンペーンを通じて、このブランドが表してきた特質を私なりに公正公平に評価したものだ」（パワーズ）

対するクリントン・ブランドのパーソナリティで思いつくのは次のような特質だ。「実務的」「官僚的」「冷笑的」「横柄」「権威的」……。

一見、どちらの特質も同様に否定的にみえるが、もっと俯瞰的にみると、まったく違った一つの人格が浮き彫りになってくる。「旧態依然とした政治家」を連想させるクリントンに対して、トランプは「恐れを知らない挑戦者」のイメージという好対照な人格だ。

今回の大統領予備選は、インサイダー（従来の政治権益層）vs.アウトサイダー（政治権益から無縁の部外者）の戦いと総括されてきた。前者を代表するのがクリントンであり、後者を代表するのがトランプだ。

これは元はといえば、トランプが今回の大統領選の意義について、次のように言及し続けてきた構図である。

「エスタブリッシュメント（特権階級層）**とスペシャル・インタレスツ**（既得権益層）**がわが国を完全に死に追いやっている。彼らを止めないといけない」**（トランプの選挙キャンペーンCM）

というストーリーだ。そうした階層のボスが、クリントンに代表されるインサイダー政治家である。ゆえに、アウトサイダーの自分こそ大統領にふさわしい、ということだ。

もっといえば、傲慢で尊大、情け容赦なく、エゴに満ちた自分のようなアグレッシブな人間でなければ、長年、政治に寄生して甘い汁を吸ってきた彼ら（クリントンたち）の暴走を止めさせることはできない。そう本選挙を位置づけ、善悪の戦いに見立ててきたのだ。

そんなトランプ・ブランドの人格を本物と認めた多数の声なき国民（サイレント・マジョリティ）がトランプに喝采を送る。

このようにして、トランプは自分のブランド人格だけでなく、政敵のブランド人格を同時に形作っていったのである。

5．説得力のあるメッセージ

「『アメリカは路頭に迷ってしまった。どこに向かうべきか皆目わかっていない。その原因は負け犬の政治家、中国、メキシコ、移民などである。彼らは責められるべきである。そして、トランプだけがアメリカの偉大さとわが国への尊敬を取り戻すことができる』というメッセージだ。

トランプはいたるところでこのメッセージを繰り返している。このメッセージの強みは、明快で首尾一貫していることにくわえて、トランプを好きか嫌いかという両極端な感情を喚起することにある。好きにせよ嫌いにせよ、トランプは感情レベルにおいて、すべての顧客（有権者）に関与できている。これこそ、強固なブランドの証である。

ブランドとはいわば個性の表出である。その意味で、トランプというブランドはたいへん個性的であり、ブランドとしてきわめて完成度が高い。トランプは自身の人格を、そのままブランド価値にした。だから、トランプはつねに、自分自身であろうとし、自分以外の何かになろうとはしない」（パワーズ）

一方、トランプ・ブランドとは対照的に、クリントン・ブランドの個性はまったく定まっていない。トランプの説得術に嵌まって、「自分ではない何かになろう」としてしまう。たとえば、先ほどのトランプが仕掛けたインサイダー vs. アウトサイダーの枠組みについてもそうだ。

だれが見ても、彼女は政界のインサイダーだ。というより、インサイダーの権化のような存在である。政界で長年活躍し、ファースト・レディとしても8年間、ホワイトハウスでも暮らしていた。

しかし、民主党予備選の討論会（２０１５年10月13日、「ＣＮＮ」ネバダ州）で「なぜ国民はインサイダーのあなたを選ばないといけないのか」との質問をうけたとき、クリントンは「私こそアウトサイダーだ」と異議申し立てをした。

「私はアメリカ初の女性大統領として選ばれること以上に、アウトサイダー的なことは思いつかない」「初の女性大統領であるということだけで、大きな変化である」

はたして、これが説得力のあるメッセージといえるだろうか。

女性であるだけでアウトサイダーなら、男性はみなインサイダーで悪者なのか。実際、司会者からは、「それ（女性であること）で、どんな政策の違いがあるのですか」と問い詰められた。自分こそアウトサイダーと主張し、インサイダーであった事実から目を背けるクリントンの発言はむしろ、国民の不信感を深める。トランプが嵌めたことばの鋳型から、逃れようとしているだけにみえる。

これでは国民にメッセージが届かない。「女性大統領の時代だ」と一部の熱烈な支持者だけが声援を送るだけだ。その他大勢の女性の有権者から「あんな女性になりたくない」と思われれば、終わりである。

つまり、女性であること以外の個性をクリントンはまったく形成できていないことを露呈したのだ。しかし、女性であるとは、単なる性差であるから、個性とすらいえない。

そんな脆弱な議論ではダメだと言わんばかりに、クリントンに助け舟を出したのがオバマ大統領だ。

「オサマ・ビン・ラディン暗殺に際し、彼女はホワイトハウスで私に助言してくれた。（中略）ヒラリーは長年、政治をしているがゆえに、正当な評価をうけていない」（2016年7月5日、クリントンの政治集会での応援演説）

オバマが伝えたかったのは「ヒラリーが政治経験豊かなインサイダーであることは国民にとってポジティブなこと」というメッセージの転換だ。

そもそもインサイダーvs.アウトサイダー対立二元論は、トランプの逆転の発想からきている。ふつう、「アウトサイダー＝政治経験のないこと」はトランプの弱みであるはずだ。まったく政治の実務経験がない人がアメリカの大統領になったためしはない。

そこで、アウトサイダーに新たな視点を付与して、国民を説得したのがトランプである。

クリントンは反対に、「インサイダー＝政治経験が豊富」である自分のブランドの強みをトランプの説得術で破壊されてしまった。しかも、さらに自ら否定してしまったのだ。

どちらの候補者がブランド戦略に優れているかが大統領選挙の最大の争点だとしたら、結果はどうなるか。

答えるまでもない。圧倒的にトランプが有利である。

4章

悪口を人気に変えるトランプの錬金術

■悪口という技術

トランプは**「悪口説得術」**の達人である。悪口と説得術に何の関係があるのか。

説得術というと、**「言論」**に勝つテクニックだと思われがちだが、もっと大事なことがある。

それは話す人の**「人柄」**である（アリストテレス『弁論術』）。**人柄がよければ、その人のいうことは信頼に値する。**人柄の次に大事なのは、**「感情を揺さぶること」**だ。**感情を揺さぶることばこそ説得力を持つのだ。**

逆にいえば、話す内容が支離滅裂であっても、話し手の人柄がよくて、感情を揺さぶることばであれば信頼されるのである。言論の正しさは二の次なのだ。

それならば、論争するときも、相手の話の内容を批判するより、相手の人柄を批判したほうが効果的である。その手段が、悪口である。

つまり、**論敵の説得力の源である「人柄のよさ」を「人柄の悪さ」に変えてしまえばいいのだ。それが悪口という説得技術だ。**

さらに、トランプは説得術で人柄に次いで大事な「感情を揺さぶる」ことにかけては、**1章、2章**でみたようにずばぬけた技術を持っている。

だからこそ、トランプは話の内容の正確さと関係なく、討論に勝利できるのである。

■人柄の悪さを印象づけるあだ名をつける

では、さっそく、トランプの悪口の技術を見てみよう。

まず、3章でも触れたように、論敵を仕留めるための〝嫌なあだ名〟をつける。それは聞き手に論敵の「人柄の悪さ」を印象づけるものでなければならない。

次に、そのあだ名を全米に放映される討論会で直接本人に向かって発する。その途端に、「本人＝あだ名の人物」と聞き手にインプットされる。

これで論敵は万事休す、である。どんな素晴らしい議論を展開し、政策を発表しようが、その人物＝あだ名の人物と国民からみなされる。言論より人柄を人は重視するからだ。

しかし、そんなにうまくいくのか。

実際にトランプがテッド・クルーズ上院議員に対して行った方法を見てみよう。

クルーズは共和党大統領予備選で最後までトランプと戦ったライバルだ。キリスト教右派や茶会（ティー・パーティ）から絶大な支持をえた強者である。

その彼に対してトランプがつけたあだ名が「嘘つきテッド（Lyin'Ted)」だ。いたってシンプルである。たいしたあだ名には思えないが、威力は抜群だった。トランプがそのあだ名をお披露目したとき、会場に大笑いが巻き起こった。

なぜか。

そういわれてみれば、「みんな薄々そう感じていた」と納得してしまったのだ。聞き手が潜在意識の中に持っていたその人物像のビジュアル化にみごとに成功しているのだ。

「嘘つき」というと、ビジュアル化というより概念化と思われるかもしれないが、そうではない。このあだ名は、テッド・クルーズの顔つきや目線、所作、話し方、それらすべてが醸し出す雰囲気を具体化している。これ以外にない一言なのだ。

もちろん、なかにはピンとこない聞き手もいるだろう。そこでトランプは、聴衆にビジュアル化のサポートまでしてくれる。「嘘つきテッド（Lyin'Ted）」を発表した際、こう付け加えている。

「聖書を高くかかげ、そして置き（筆者注：神への宣誓の意）、いつも嘘をつくのだ」（2015年3月18日、ユタ州での演説）

聖書を持ち出すことで、ただの嘘つきというだけではなく、信仰心のないインチキ牧師のようなイメージを喚起させたのだ。「なるほど、いわれてみれば、アメリカ映画に出てくるインチキ牧師のような顔をしているな」と聞き手が感じたら成功だ。本当にそんな映画を見たかは関係ない。あだ名をつけた相手に対して、そんな想念が自然と出てくるかどうかが重要なのだ。

実際にクルーズは牧師の家系である。そう聞くと、ますます政治家というより牧師に近い雰囲気をもっているような気がしてくる。聞き手の想像がしだいに確信へと変わっていく。**確証バイアス（3章）**のせいである。

トランプは聞き手の中に生まれたイメージをさらに強化するために、追い打ちをかけるように、これまでにクルーズがついた嘘を次々と挙げていく。

これがトランプの悪口説得術の流れである。最初にあだ名というブランド名をつけたのち、詳細の商品説明をしていく。

■ネガティブ・ブランドを確立する

クルーズの政治家としてのセールスポイントは宗教熱心で保守的なところだ。その「優れた人柄」が信頼され、彼はキリスト教右派から支持をうけていた。

一方、トランプは宗教心がないとみなされ、キリスト教右派からの支持が低い。かといって自分がすぐに信仰心に篤いイメージを醸し出すのはむずかしい。

どうすればいいか。

クルーズの宗教心が嘘であるという「悪い人柄」を支持者に植え付けられればいいのだ。それを信じた人々がトランプ支持に鞍替えしてくれれば、なおいい。**自分が信仰深くなるより、相手の信仰心に疑念を抱かせるほうが、はるかに効率的**だ。そこで、熱心なキリスト者としてあるまじき「嘘つき」という属性をクルーズに付与したのだ。

結果は狙いどおりになった。

クルーズの支持者は、トランプのあだ名が流布するにつれ、「信じていたのに」「裏切られた」といった思いに駆られていく。少なくとも、「嘘つきという人柄」のクルーズ支持者である自分に恥ずかしくなってくれればいい。

トランプの芸が細かいのは、「嘘つき（Lyin'）」の発音、スペルまで工夫している点だ。ふつうはLyingと綴るところを、「g」の代わりにアポストロフィー「'」を入れる。「グ」で終わると、名前のテッドとつなげたとき、リズム感が出ないからだ。支持者と一緒に「嘘つきテッド」とリズミカルに唱和できるよう、そこまで配慮している。このあだ名を使い始めた当初は、わざわざ「L・Y・I・N・アポストロフィー」とアルファベットで発音し、スペルを間違えないよう念押ししていた。

その後、すべてはトランプの計算どおりに展開した。

マスコミは、〝正しい〟スペルで一斉に報道を開始し、あだ名は一気に全米に広まった。それと同時に、トランプ支持者やクルーズが嫌いな人たち、さらにはノンポリの遊び半分のデザイナーたちが、行動を開始した。

〝正しい〟スペルで、嘘つきテッドの特製ステッカーや嘘つきテッドが主役の映画ポスターなどを次々と作り始め、インターネットにアップしはじめたのだ。嘘をついたために鼻がのびてしまった童話の登場人物ピノキオをモチーフにした、クルーズの選挙ポスターのパロディ版さえもつくられた。トランプが何も言わなくても、有権者が勝手に「嘘つきテッド」のデザインの面白さを競い合っていくところまで盛り上がっていった。

自分が攻撃する対象商品（政敵）と、人々のその商品に対するユーザーの理解が完全に一致してしまったのだ。こうして**「嘘つきテッド」はブランドとして確立した**のである。

さらには、クルーズの元上司（元アメリカ下院議長）が便乗して、クルーズに**「人の姿をした悪魔」**と別のあだ名をつけた。**「権威ある人物からの評価」（ソーシャルプルーフ、2章参照）**とあって、トランプのつけたあだ名にさらに説得力が増していく。はたまた「人の姿をした悪魔」デザインと「嘘つきテッド」デザインのどちらが本物か、コンペまで行われるほどになった。

トランプの狙いどおりである。ブランド戦略の基本を忠実に実行した結果である。

本来ブランドとは、名称だけで「価値の高さ」がわかり、顧客から「好かれ」、商品として「選ばれる」状態を確立するためのものである。トランプはその逆を行ったのだ。つまり、**名**

称だけで価値の「低さ」がわかり、顧客（有権者）から「嫌われ」、商品（立候補者）として「選ばれない」状態を確立させたのである。ポジティブなブランド構築につかうはずの手法を、ネガティブなブランド構築に応用したのだ。

こうして一時はトランプに迫ることもあったクルーズの人気は、トランプのネガティブ・ブランド化を境に暴落してしまった。

もはやクルーズには打つ手はない。討論会でトランプを論破しようとしても、会場から「嘘つきテッド」の大コールがはじまる。トランプが「嘘つきテッド」といえば、それに呼応して観衆も「嘘つきテッド」と唱和するのだ。クルーズはあだ名一つで、発言さえできない状況に追い込まれていった。

クルーズはハーバード大法科大学院を卒業した弁護士出身の政治家である。ヒスパニック系で初めて連邦最高裁長官の調査官となった華麗な経歴を引っ下げて、２０１２年に上院議員に初当選した。新人議員ながら大統領選立候補まで上り詰めたエリート中のエリートだ。

当然、クルーズが得意とする説得術は本章冒頭で述べた「言論の正しさ」である。これが封じられてしまえば、翼をもがれた鳥となる。

クルーズ自身の集会でも、トランプ支持者がこのあだ名を叫ぶ。いくらクルーズの支持者が多くても、その場の雰囲気は険悪になる。

「子分」になったクルーズ

もちろん、クルーズも抵抗はした。仕返しに、トランプにあだ名をつけていったのだ。**「いじめっこ」「不道徳」「ナルシスト」**の3つだ。しかし、どれもまったく流行らなかった。

理由は簡単だ。どれもトランプのキャラクターをそのまま描写したに過ぎないからだ。「そういわれてみれば」という聞き手の想像力をまったく喚起しないのだ。

クルーズがトランプにつけたあだ名は、かえってトランプ自身が苦労して構築していった**「ブランド・パーソナリティ」（ブランドの人格、3章参照）**の宣伝に協力するものとさえいえる。

トランプは著書の中で幼年時代から「ガキ大将」だったことを打ち明け、ビジネスでは危ない橋を何度も渡り、大富豪として有名モデルたちと浮名を馳せてきたと語っている。「いじめっこ」で「不道徳」で「ナルシスト」であることは彼にとってネガティブな要素ではなく、むしろ自分がその道のプロであることを自認し、積極的にブランド化してきたのがトランプである。

あだ名づけが失敗する以前、クルーズは別の方法でトランプに対抗していた。

あるテレビ討論会で、移民に対してだれがいちばん強硬な対応をとるかを競い合う展開になったときだ。クルーズは、国境の警備を3倍に増やすと言い、最後には**「国境の壁を作る」**とまで言い出した（2015年12月15日、ネバダ州での演説）。完全にトランプの政策のパクリ作戦である。

ただクルーズは秘策の「オチ」を用意していた。続けて、**「そのお金はトランプに払わせる」**と付け加えたのだ。トランプの**「建設費はメキシコに払わせる」**をもじったのだ。

残念ながら、秘策は炸裂しなかった。

それを聞いたトランプが即座に動いたからだ。怒るどころか、「よく言った。でかしたぞ！」と部下をほめるような温かみのある笑みを浮かべ、「私が建てよう」と言いながらクルーズの背中をポンとたたいたのだ。その大人の対応に、クルーズは褒められてうれしがる子どものような笑みを浮かべてしまった。だれからも、トランプの子分にしか見えなかった。

結局、トランプがリーダーなのだ。彼の空間に入ると、クルーズに限らず、他の候補者全員が部下にみえてしまう。何度、討論を繰り返しても、結果は同じである。**トランプの言動を中心に世界が廻っている光景が、白日の下にさらされる**だけなのだ。

■ライバルを追い詰め、さらに利用する

クルーズについては、後日談がある。予備選が終わり、トランプが正式に共和党候補に指名される共和党大会での出来事だ。大会の慣例では、共に選挙を戦った候補者たちは勝者を褒め

たたえる演説をし、自分たちの党の代表として承認するのが習わしである。しかし、クルーズはその演説でトランプの名前さえも最後まで一切言及しなかった。そして最後に「良心に従って投票ください」と訴えた。

弁護士出身のクルーズが論理的に考えた結果、トランプは共和党を代表する大統領候補にふさわしくないとの結論に達したのだ。それを事実ベースで共和党員の仲間たちに説明すれば、わかってくれるに違いないと判断したのだ。そのうえでの訴えである。

しかし、人は論理では動かない。聴衆は、トランプからうけた屈辱がエリートのクルーズにはよほどがまんならなかったに違いない、そのための仕返しに違いない、と察したのだ。

案の定、会場からのブーイングの嵐が巻きおこった。彼らは、全米から集まった共和党の熱心な支持者たちである。共和党精神に反する敗者らしくない振る舞いと発言、また、党のしきたりに反したその行為に、怒りの感情をあらわにしたのだ。「嘘つきテッド」が何を生意気なこと言っているのか、と猛反発をうけたのだ。後の祭りだ。

話はまだ終わらない。このクルーズ演説を契機にして、これまで反トランプ派の代表格であった共和党の議員たちや重鎮までもがトランプ支持に転向し、結束してしまったのだ。その結果、トランプは正真正銘の共和党代表になれたのである。

事前の予想では、トランプによって、共和党が分裂するのではないかとの報道もあった。しかし結果的に、はからずもクルーズはトランプ選出の陰の功労者となった。まさに「子分」の本領発揮である。

トランプがそこまで意図して、クルーズを追い詰めたのかどうかはわからない。しかし、トランプの個々の対立候補に対するあだ名の付け方の特徴やいじめ方、いじり方の変化まで詳細に見てきた筆者の目には、トランプのやり方は計算ずくであったと思われる。

トランプも自著『トランプ自伝』の末尾にこう記している。

「これまでの人生で、私の得意なこと（中略）は、優秀な人材が最高の仕事をするよう動機づけることだ。これまでこの特技を自分のために使ってきた。これを人のために、いかにうまく使うかが、今後の課題である」

トランプは、クルーズが最高の仕事をするよう動機付けてきたのだ。自己利益のためではない。自分が大統領になって「アメリカを再び偉大に！」するために、巧みにクルーズを利用したのである。

■あだ名をつけるテクニック

クルーズと同様、共和党予備選の終盤戦まで健闘したのが、マルコ・ルビオである。共和党主流派である中道派の候補だ。同じ中道派の本命候補だったブッシュがトランプに撃沈させられた後（**2章参照**）、第二の本命として、支持を集めていた。

そのマルコ・ルビオにトランプがつけたあだ名は**「ちっちゃいマルコ（Little Marco）」**だ。実際、彼は候補者のなかで一番背が低い。リトルとマルコをセットにしたリズム感もいい。大柄のトランプが赤ちゃんに呼びかけるようなやさしい響きがある。

それを聞いた人々は、「たしかにそういわれてみれば、とんでもないベイビーフェイスだ」と思い、そのイメージがじわじわと広がっていった。クルーズの場合と同じように、「ちっちゃいマルコ」のパロディ版が次々に制作された。「おしゃぶりをくわえたルビオ」「楽しそうにブランコに乗るルビオ」「トランプの膝のうえで眠るマルコ」など多種多彩だ。

こうして、「ちっちゃいマルコ」が全米でブランド化されていった。

それでも、読者の中には「ちっちゃい」では聞き手はかわいい印象を受け、「良い人柄」を想像するのではないか、と思う人もいるかもしれない。それでは悪口説得術の目的である「悪い人柄」のイメージ作りには逆効果ではないか。

そうではない。トランプが問うているのは「大統領としての品性」だ。**説得術とは「品性に**

関する研究」（アリストテレス）である。トランプは、人々が抱いている「大統領はこういうものだ」という品性にまつわる感情を悪口によってコントロールしているのだ。アリストテレスも言うように、「感情はそもそも何であり、何がもとでどのようにして聴衆の心の中で生じてくれるのかを考察できる」者がすぐれた説得術師なのである。

大統領候補「ちっちゃいマルコ」は聞き手の心のなかにどんな感情を生じさせるだろうか。それは「こんな赤ちゃんみたいな顔して大統領が務まるのか」という感情だ。「ちっちゃい」（リトル）とは、大統領に必須とされる品性——風格、貫禄、威厳が「ほとんどない」（リトルのもう一つの意味）という評価なのだ。

トランプはそこまで見越した、深いあだ名をつけている。そうとは露もしらないルビオは仕返しを開始した。

最初は**「詐欺のアーティスト（Con Artist）」**とトランプにあだ名をつけた。これはクルーズの場合と同様、トランプにとっては痛くもかゆくもない。

トランプを「詐欺のアーティスト」と呼ぶのは、世界最速の男ウサイン・ボルトに対して「かけっこが速いですね」と言うようなものだ。「世界一の交渉人」とか「取引の天才」などと自称し、自分のファンにそう信じさせているのがトランプである。

それどころか、「詐欺のアーティスト」というあだ名は政治家としてのトランプの品性や能力を讃えているといってもいい。詐欺のアーティストと聞いて、聞き手の心に生じるその対象へのイメージは何か。「策士」「やり手」「凄腕」「戦略家」など、むしろ政治家に求められるポジティブな属性である。

クルーズやルビオは、トランプにあだ名をつけることで、逆に自分が支持を失うことに気づいていない。トランプが彼らにあだ名をつけるのと、彼らがトランプにあだ名をつけるのとでは、その意味も効果も正反対になるのだ。

なぜか。

クルーズやルビオがトランプにあだ名をつけたのは、自分がバカにされたことへの復讐だからだ。その目的はバカにされた自分の悔しさを紛らわすためであって、他のだれのためでもない。ましてや有権者のためではない。

アリストテレスも、「復讐のための悪口は、自分の利益や快楽のためのものでしかない」と戒めている。自分の利益のためにやっていることは、聴衆から簡単に見透かされてしまう。

■悪口の失敗例――ルビオの例

「詐欺のアーティスト」ではびくともしないトランプに対して、マルコ・ルビオはとうとう禁じ手を使った。身体に関する個人攻撃である。

「トランプはいつもぼくのことを『ちっちゃいマルコ』と呼ぶ。トランプはたしかに私より背が高い。188センチぐらいだ。なのに、理解できないのはトランプの手は158センチの身長の人みたいに小さい。彼の手をみたことあるかい？　昔からこう言われているの知っているだろう。小さい手の男の○○○も小さいって」（2016年2月28日、バージニア州での演説）

「ちっちゃいマルコ」という身体への攻撃に対して、「ちっちゃい○○○」と同じ手で倍返したつもりだった。

トランプは即座に反応した。

「ちっちゃいマルコは私の手を攻撃した。私の手を攻撃する人間など、今まで誰もいなかった」とテレビ討論会（2016年3月3日、「FOXニュース」）で切り出した。

「この手をみてくれ」といいながら、トランプは両手をゆっくり上にあげた。**「この手はもっとも美しい手だ」「この手で、ゴルフなら285ヤードも飛ばせる」**と自画自賛したうえで、**「この手が小さいか？」**と観衆に問い掛けた。**「ちなみに、私の背は192センチだ。188センチではない」**と細かい事実誤認の指摘までした。

2章で説明した「完全否定」の手法だ。指摘された否定的な事実や評判を確実にひとつずつ否定していく話術だ。そして最大の疑惑「小さい○○○」の否定に移る。

「彼はこの私の手を引き合いに出していった。もし手が小さいなら、別の『モノ』も小さいに

違いないと。だが私は保証する、そちらは何の問題もない」というと、会場から大笑いと拍手が巻き起こった。そして「私は保証する」と何度も繰り返した。

この場合、いくらトランプでも「証拠」を公衆の面前では出せない。その代わりに得意フレーズの「私は保証する」を炸裂させた。**1章**で述べたように、なんでも簡単に保証してくれる「通販番組の政治版」である。彼は国民にこんな下世話なことまで保証してくれる。

この最後のくだりは、自身の政治集会でも、演説の中に導入していった。

トランプは役者が違うのだ。政敵からの身体攻撃をも吸収して、自分のネタにしてしまう。トランプに対する身体にまつわる個人攻撃はこれまでもあった。前頭部のハゲ疑惑だ。髪をいったん前に流し、後ろに曲げ返す独自のヘアスタイルから、前頭部のハゲ隠し、もしくはカツラではと長年、噂されてきた。

トランプは否定したり、恥ずかしがったりするどころか、政治集会でその疑惑を持ちネタにしているほどだ。演説中、観客から「俺の髪を引っ張ってみたい人」をつのる。壇上に呼び、引っ張らせ、その人物を証人にして「本物の髪です！」と言わせるコントだ。会場は笑いに包まれ、和やかな雰囲気になる。

自著でも「トランプ流ヘアスタイル論」と1節を設け、**「私の髪はいつまでも国民的話題であり続けるだろう」**（『金のつくり方は億万長者に聞け！』）と述べている。得意のリフレーミング技術によってハゲ疑惑を見る視点を変えて、「みんな私の髪型が気になってならないようだ。それほど私は人気者だ」というメッセージに変容させているのだ。

■完膚なきまで叩きのめす戦術

ルビオにしてみれば、相手が悪かった。トランプは一度名指しで攻撃されれば、「完全否定」だけでは済まない。ローマ法王を相手取って勝利した（2章参照）ように、完全勝利するまで追撃の手を緩めない。ルビオに対して、さらなるあだ名をつけたのだ。

「ルビオは汗っかき（Rubio's sweater）」である。

そういわれてみれば、討論番組でルビオがいつも汗をぬぐっていた姿が思い浮かぶ。ここではファーストネームのマルコではない。一丁前の男が人前で汗をかいていることを連想させるために、あえてラストネームの「ルビオ」を使っている。

またしても品性を問う秀逸なあだ名である。「ルビオはあがり症なのか」「大統領になろうとする男が、そんなことでは頼りない」。そんな連想が次々と頭に浮かぶ。ワンフレーズで敵の弱点に付け込んでいる。

自分のアソコを暗に批判されたトランプはもう容赦しない。「ルビオは汗っかき」のビジュアル化をサポートする表現を8パターンも用意した。2例だけ紹介しよう。

「彼はびしょぬれだった。一体ここで何が起こったのか。彼はたった今、プールから上がってきたみたいだった。思わず、『君、だいじょうぶ？』って話しかけたよ」（２０１６年2月15日、サウスカロライナ州での演説、傍線は筆者）

完膚なきまでにこき下ろすダメージ戦術だ。

「プーチンが待っている部屋に入るとき、われわれ（アメリカ国民）に必要なのは、汗をかかない人物だ。本当のことだ。ロシアのプーチンが待っている部屋に沈没船のように（濡れた）コイツが入っていくのを想像してみてくれよ。彼じゃあダメだ。みんな、トランプじゃないとダメだよな。俺とプーチンならうまくやっていける」（同、傍線は筆者）

冗談めかしながら、本質をついている。国の代表としての資質を問う戦術だ。

トランプの「汗っかき」攻撃はじつは、前年にはじまっていた。こんな「ドッキリ」を仕掛けていたのだ。

ルビオの事務所にトランプから小包が届いた。開けてみたところ、中には「トランプ・ブランドのミネラルウォーター24本、『アメリカを再び偉大に！』というスローガンの入ったタオルが２枚」に次のようなメッセージが添えられていた。

「あなたはいつも汗をかいていらっしゃるので、お役に立てばと思い水をお届けしました。お楽しみください」（２０１５年10月２日、公式選挙キャンペーンサイト）

用意周到である。政敵の出方や支持率に応じて、いつでも「あだ名」を本格稼働できるよう、こうした小ネタを仕組んでおく。そのことで、あだ名が炸裂した後、メディアが背後のストーリーまで含めて大きく報じてくれるのだ。

後日、一連の悪口合戦について質問をうけたルビオは、「トランプを個人攻撃したことについて、誇りに思ってはいない」と後悔の念をにじませた。続けて、「子どもたちにも恥をかかせたし、もう二度とやらない」と述べ、完敗を認めた。

ルビオの選挙戦からの撤退報道をうけた直後のスピーチで、トランプはこう語った。

「まず最初に、マルコ・ルビオを祝福したい。彼はとてもタフな選挙戦を戦ってきた。彼はタフでスマートだ。彼にはすばらしい将来が待っている」（２０１６年３月15日、フロリダ州での

演説）

負けを認めた者にはトランプはやさしい。

敗れたルビオは、キューバ系移民の貧しい家庭の出だ。選挙のアルバイトをしながら、苦学の末、法学博士を取得。バイト先の議員に認められ、下院議員選に立候補し当選し、その後、30代で下院議長に上り詰めた逸材である。そんな彼にとって、トランプの存在は悪夢だったに違いない。

■「黒の説得術」が功を奏した討論会

トランプは政敵なら誰にでもあだ名をつけるわけではない。世論調査で自分より一度でも支持率が上回った相手だけだ。支持率が低い候補者にはそんな時間を投資しない。合理的かつ効率的にふるまっているのである。

支持率が上回ったのはあと3人いる。有名な黒人医師ベン・カーソンとヒューレット・パッカード元CEOのカーリー・フィオリーナ、そしてフロリダ州知事ジェブ・ブッシュだ。

トランプは討論会でこれら3人の論者にどんな悪口を炸裂させたのか。

論者が尊敬される人柄である根拠は3つしかないとアリストテレスは述べている。それは**「思慮」と「徳（道徳的優秀性）」と「好意」**だ。トランプの場合、そのシンプルで率直な話術が「好意」的にみなされていることは、何度も述べた。恐るべきは、その悪口説得術によって「思慮」深さという人柄をも獲得していることである。

その意味で、カーソンはあだ名をつけづらい人物である。アメリカで最も尊敬される医師の一人で、小児外科手術の名医として数々の難病の子どもたちを救ってきた。聡明で語り口も穏やかだ。「よい人柄」の代表のような人物である。「思慮」「徳」「好意」の人柄3要素を兼ね備えている。

そんなカーソンにトランプがつけたあだ名は**「本当にいいやつ（a really good guy）」**だ。これのどこが悪口なのか。

トランプは大統領としての品格、資格を絶妙に問うている。そんな「いい人すぎる人に大統領職が務まるのか」という皮肉なのだ。

しかし、これだけでは対抗馬を秒殺できない。そのことを知っているトランプは次の手に出た。カーソンの「モノマネ」だ。

それは、男2人の乱闘シーンの再現だ。ナイフを持ったカーソンとおぼしき人物が、もう一人の男を刺そうとする。噂では、カーソンは若い頃、友達と喧嘩してカッとなり相手を刺しそうになったことがあると言われていた。しかし、ナイフがベルトのバックルに当たって殺人者にならずにすんだというオチがある。

トランプは「いい人」であるはずのカーソンの意外な側面、とくに「不徳」な過去を暴いてみせた。「いい人すぎる人に限って、裏がある（はず）」という大衆の心情を刺激するためだ。さらに、「狙った相手を仕留められないダメな男」との印象を与えた。

このモノマネがカーソンに火をつけた。完璧な人格と思われていたカーソンが毒舌を吐いたり、討論会で攻撃的な一面を出したりするようになったのだ。

カーソンの支持者は、トランプの破天荒ぶりを危険視する有権者層と重なっていた。トランプとは真逆で温和で理性的なカーソンを支持していたのだ。そのカーソンに攻撃的な面が隠れていたとは由々しき問題だった。こうしてカーソンは支持を失った。

恐るべきトランプの一撃だ。モノマネを使った、見事な説得術である。**トランプの「黒の説得術」の基本である「よい人柄」を「悪い人柄」に変えてしまう技術の応用だ。**

■カーリー・フィオリーナの場合

フィオリーナに対するあだ名は、**「ロボットみたい（Like a Robot）」**だ。そういわれてみれば、彼女には「感情が表に出ない」「冷たい感じのする女性」といった印象がある。

ここでも一貫して、トランプは大統領としての品性を問うあだ名をつけている。「冷たい人柄」は大統領にふさわしくない、と聴衆の心に訴えかけているのだ。

そして、**「彼女の顔を見たらだれが投票するか？　想像できるか？　われわれの次期大統領の顔として」**（２０１５年９月９日付「ローリング・ストーン」独占取材）とメディアを通じて、そのイメージを拡散していく。

メディアからは身体にかかわる中傷だとか女性蔑視といった批判が巻き起こるが、なぜか沈静化する。次のように、その人物の核心に迫っていくからだ。

トランプはフィオリーナにつけたあだ名についてこう語っている。

「私は外面について語っているのではない。ペルソナ（外的人格）について語っているのだ」

（２０１５年９月10日、「ＣＮＮ」インタビュー）

ペルソナとは何か。トランプの著作から引用する。

「ペルソナ（外的人格）」ということばには面白いルーツがある。『仮面』を意味するラテン語が語源だ。が、それは人間にとって不名誉なものではなく、必要なものだ。ペルソナは誰にで

もある。生きていくのに必要なものだ。それは人前でかぶる仮面のことで、意識的、無意識的のどちらの場合もある。（中略）唯一の危険は、自分が自分のペルソナになることだ。つまり、途中のどこかで何かが閉ざされ、表向きには機能している偽りの人格の裏に本当の自分が隠れてしまうことだ。私もつねに人目にさらされているため、他人事とは思えず、とても考えさせられた。幸い、私は『公』の自分も『私』の自分も認識している。それに、陰に隠れるようなタイプではないが、自分に多面性があることは分かっている」（『金のつくり方は億万長者に聞け』）

ペルソナはトランプが傾倒するユング心理学の基本概念である。トランプはユングの本を読めば、**「周囲の人を『読む』のではなく『見抜く』技術が身につく」**と絶賛している。**「人間の行動への洞察をえることにつながる」**からだ。

トランプの著作に親しんでいれば、フィオリーナにつけたあだ名は、悪口というより彼女へのアドバイスのようにも聞こえてくる。ロボットにみえるのは偽りの人格（ペルソナ）ではないか。大統領になりたいのなら、その裏に隠れている本当の自分を出してみたらどうだい。本当はそう諭しているのかもしれない。

そのトランプがフィオリーナからつけられたあだ名は**「エンターテイナー」**である。人を喜ばせているだけで、大統領にふさわしくないという皮肉のつもりだった。トランプの受け答えは当意即妙であった。

「（あだ名を含む）私のコメントの多くは、エンターテイナーとしてのものだ。（中略）みんながいうように、大統領になることとエンターテイナーであることとは、完全に別ルールの野球（ボールゲーム）をするようなものだ」（２０１５年９月10日「ＦＯＸニュース」インタビュー）

批判をリフレーミングで返すと共に、トランプがペルソナの多面性についてとても自覚的であることをうかがわせるコメントである。

■ジェブ・ブッシュはなぜ失敗したか

最後に、ジェブ・ブッシュへのあだ名を取り上げよう。ブッシュは、父兄が大統領経験者であるアメリカを代表する政治家ファミリーの一員だ。なかでもジェブは「ブッシュ家の最高傑作」と呼ばれるほどの人物である。スペイン語も流暢で、人口比率が急増しているヒスパニック系からの人気も高い。

トランプと違い、穏健派としての安定感も抜群だ。物腰が柔らかく、物事を冷静に判断し、確実に実行するような人物としての定評が確立していた。

本人もそのペルソナをちゃんと自覚していた。トランプについても、どこか危なっかしいペルソナとして認識されていると意識しており、選挙戦では正反対の自分のペルソナを打ち出すことで、国民に安心感を与え、トランプに勝つ作戦を展開していた。

ブッシュは国家の危機においてもパニックにならずに落ち着いて対処できる。派手さはないが、慎重で、信頼できる、言うなれば企業の優秀な部長のようなタイプなのだ。少なくとも当初、筆者にはそうみえたし、大統領を2人出したブッシュ家であればペルソナ制御による大衆の心理操作ぐらいお安い御用だろう。

そうした相手のペルソナ戦術を熟知したうえで、トランプが生みだしたブッシュのあだ名が

「覇気がない（Low Energy）」である。

不思議なものである。穏やかで間違いのない、優秀な人物であるのに、「覇気がない」と言われてみれば、ほかのどの候補者より覇気のない、物足りない人物にみえてくる。前評判に反して、「覇気のない」の一言に国民はすっかり賛同してしまった。それはブッシュの持ち前のペルソナを上回る効果を及ぼしたのだ。

あだ名のビジュアル化のために、トランプは討論会でのブッシュとの論戦のテーマを「イスラム国」対策にしぼった。

それには理由がある。「イスラム国」には冷酷非道な荒くれ者のイメージがある。別の言い方をすれば、それは「覇気がありすぎる」存在ともいえる。野蛮とはいえ、その有り余ったエネルギーにどう対処すればいいか、アメリカや日本のような成熟した先進国は途方にくれているのだ。

そんな彼らについて、「覇気のない」ブッシュが大統領となって対抗できるのか。ここでもトランプは、国民心理の内側に入り込み、相手の品性、風格を問うているのである。

何もブッシュのペルソナを否定しているわけではない。むしろ、そのペルソナの強みを理解しているがゆえに、そのペルソナの弱点が発揮される場面設定を示して、その弱みをつよく印象づけようとしたのだ。

ブッシュはこのあだ名から抜け出せなくなってしまった。「イスラム国」に対しても、着実に対応する旨の政策を訴え続けるしかなかった。あだ名の響きと連動して、聴衆からは「こんな事務的な人間では『イスラム国』には対抗できない」といったイメージが定着していった。

問題は、ブッシュの政策の中身ではない。ペルソナが一面的であったことだ。トランプの表現を借用すれば、**「自分が自分のペルソナになってしまう危険」を冒してしまった。**

■クルーズの説得術が成功した例

では、ブッシュはどう反応すればよかったのか。

そのヒントになりそうなシーンが、12回に及んだ共和党予備選の討論会を通じて一度だけあった。

それは、冒頭で紹介した「嘘つきテッド」ことテッド・クルーズ上院議員だった。トランプにインチキ牧師的なペルソナを表現したあだ名をつけられたクルーズは、トランプに牧師のような口調で反論した。

「（あなたが抱える心の）問題は、あなたと真実との関係性が薄っぺらなことだ」。それからこう続けた。「ドナルド、息を吸って。君にとってつらいのはわかる。でも、深く息を吸ってみよう」

聞いていたトランプはぶ然とした顔をしている。

演劇の場面転換のように、政治の討論会が行われている舞台のセットが教会の懺悔室に早変わりしたような錯覚を覚えた。それはインチキ牧師クルーズが反抗的な信者トランプをなだめ、落ち着かせているシーンだった。観衆は大爆笑し、牧師クルーズは輝いていた。

つまり、こういうことだ。クルーズは、トランプのあだ名のイメージにそのまま乗っかったのだ。それが**自分のペルソナだと自覚し、意識的に、観衆が最も喜ぶ形で演じた**のだ。トランプは「嘘つきテッド」の連呼で応戦するが、会場はいつものように盛り上がらない。**なぜなら、相手が自分が創造し、命名したあだ名、ペルソナそのものになってしまったからだ。**トランプの「嘘つきテッド」の声がどんどん小さくなっていった。

そして、クルーズの一言で場面はもとの舞台に戻る。

「ドナルド、ここはヨガ教室ではないんだ」

ここでクルーズは真摯な政治家という――もう一つの仮面（ペルソナ）へとかぶり変えたのだ。会場は静まり返った。次にクルーズが何を発するか固唾を飲んで見守ったのだ。トランプもただ聞き手に回るしかなかった。

そこでクルーズが発言したのは、ふだん聞きなれない難解な憲法議論であった。しかし、話し終えたあと観衆から拍手が巻き起こった。それはクルーズが一連の討論会でえた最大の賛辞だった。

クルーズはこのときはじめて説得術師になったのだ。

アリストテレスは、**説得術とは何か特定のテーマについて「明らかにする知識ではなく、言論を生み出す能力に他ならない」**と述べている。

クルーズもまさに説得術によって、言論を生み出す能力を一時的に手にしたのだった。

この例のように、トランプの悪口説得術は、諸刃の剣でもある。しかし、そこから説得術の核心がみえてくる。

つまり、アメリカ、そして世界の政治家がトランプのような説得術をマスターすれば、その言論はもっと多くの人々に届くようになるということだ。

トランプが大統領になった暁に、世界の指導者、日本の首相に対して、どんなあだ名をつけるか。そして、どんな返しをするか。想像するだけで楽しくなってくる。そこをスタートラインとして、言論が活発化することによって、よりよい世界になっていけばよい。

5章

トランプの超ポジティブ思考法

■トランプの源流はポジティブ至上主義

トランプの説得術はどこから生まれたのか。

その独特の繰り返し話術、事実を無視する発想、そして過剰な自信や攻撃性を帯びたパーソナリティはどこからきているのか。

結論からいえば、その源流は「ポジティブ至上主義」にある。

ポジティブ至上主義は、近現代アメリカの思想潮流の中心にある。

生き方からビジネスの成功まで、アメリカには自己啓発的なポジティブな考え方が満ち溢れている。代表的な思想家を挙げれば、エマーソン、カーネギー、ナポレオン・ヒルなどだ。

そして現在、このポジティブ思想系譜の最前線にいるのがトランプである。なかでも、トランプには特異なオリジナリティがある。

これまで個人の成功や幸福、富の追求のために築き上げられてきたポジティブ成功哲学の対象をアメリカ人全体にまで拡張した点だ。

しかし、そこまでポジティブ思考のトランプがなぜ、「アメリカは負けてばかりだ」「悪いことが起こる」「人々が死んでいく」などとネガティブな言動を繰り返すのか。その答えも、ポジティブ至上主義ならではの思考の鋳型のなかにある。

２０１４年6月28日、トランプは、ツイッター上でこうつぶやいた。

「ポジティブ思考を実践しろ！　そうすれば物事の焦点が定まり、不必要なことやネガティブなこと、有害なことを根絶できる」

これはだれかの質問に対する答えではない。自分に命令し、自分で納得しているような、純粋なつぶやきだ。

その約30年前、トランプはニューヨーク・タイムズ紙（１９８３年８月７日付）のインタビューにこう答えている。

「私はネガティブなことは決して考えない」
「思考法によってどんな障害でも克服することができる」

ある講演会では、聴衆から「私のような平凡なアメリカ人が、あなたのようになるにはどうしたらいいか」と聞かれ、トランプはこう答えている。

「自分のことを表現するのに平凡なということばを使ってはならない」（ユーチューブ、講演

年・場所不明）

自分に対してだけでなく、他人にもネガティブ思考を禁じる。

トランプが長年、ポジティブ・シンキングを重んじ、ネガティブなことを徹底して退ける思考法に傾倒してきたことがわかる。

日本でも本屋に行けばビジネス書のコーナーはポジティブ・シンキングの本で溢れている。戦後の日本もまたアメリカ流の自己啓発思想の影響を色濃くうけてきた。

トランプの説得術は、そんなポジティブ思考をうけ入れてきた多くの日本人にとっても、きわめて有効なのである。

■トランプが唯一師匠と呼んだ人物

では、トランプはポジティブ思考をどこで学んだのか。２０１６年7月、遊説中の次の発言で明らかになった。

「偉大なノーマン・ビンセント・ピールは私の牧師だった。彼が説教をしはじめると、その場を立ち去れなくなった。信じられないことだった。私はいまでもその説教を覚えている。彼は

現実の状況、現代の状況を説教に取り入れて語った。……彼は最も偉大な人物だった」（2015年7月18日、アイオワ州「ファミリー・リーダーシップ・サミット」での発言）

めったに人を褒めることのないトランプである。その彼が、手放しに称賛するノーマン・ビンセント・ピールとは何者なのか。

ノーマン・ビンセント・ピール（1898－1993）こそは、アメリカを代表するポジティブ・シンキングの提唱者である。

彼は説教と著作を通じて、その思想をアメリカ中に広めた。その功績で、「アメリカの二十世紀史上、最も有名な伝道者の一人」と評される。

著書はベストセラーとなり、日本でも『積極的考え方の力――ポジティブ思考が人生を変える』（原題『The Power of Positive Thinking』1952）と『人間向上の知恵』の2冊が翻訳されている。

著者の名を知らなくとも「ポジティブ・シンキング」という単語は知っているだろう。ピールは、この用語をポピュラーにした元祖といってもいい。

トランプはそのピールが牧師をつとめるニューヨークのマンハッタンにある教会に通い、その説教をききながら育った。1977年、最初の妻イワナとの結婚のミサを執り行ったのもピールだった。トランプにとってまさに人生の師といっていい存在だったのだろう。事実、トランプ本人も「私は全時代を通じて彼の最高の弟子」(『Trump Revealed』未邦訳)と述べている。

ピールの説教は一言でいえば、人生を勝利するための教えだ。その象徴的なフレーズを著書『積極的な考え方の力』(ダイヤモンド社)から抜粋する(以下、ピールの引用は断りのない限り、同書による。なお、原訳の「積極的または肯定的」は「ポジティブ」に、「消極的または否定的」は「ネガティブ」に変更)。


「勝利を手に入れることを考えれば勝利を手に入れられる」

「敗北を信じない」

「つねに成功を思い描く」

「ポジティブなことを口にする」

「問題を深刻に考えない」

「私たちの人生は私たちの考えによって作るものである」……。


要するに「人間は気の持ちようで人生を変えられ、勝利できる」というシンプルな教えである。これはそのままトランプの態度と一致している。

トランプの下記のような口癖もピールの教えを地で行っているものだ。

「われわれは勝つ！　勝つ！　勝つ！」「われわれは止まることはない」「偉大な勝利をおさめるのだ」

こうしたフレーズは師匠ピールの著書『あなたは勝てる（You Can Win）』（未邦訳）にそっくりである。トランプの「勝つ」という口癖のルーツも、ここにあるのかもしれない。

聖書に次ぐ偉大な書と自画自賛するトランプ自伝『The Art of the Deal』（取引の芸術）のタイトルもピールの著書『The Art of Living』（人生の芸術）からヒントをえた可能性がある。

■考え方は事実よりも重要

では、トランプの口癖である「勝利」をえるためにはどうしたらいいのか。

師匠ピールは「まず考え方を変えるべきである」という。**「ポジティブに考えれば、ポジティブな力が動きだし、それがポジティブな力を生じさせる」**。

同じことばの繰り返しのようにも聞こえるが、この3連続ポジティブによる増幅効果は、トランプの演説の中で、ピールの生き写しのように継承されている。

トランプの「**勝つ！　勝つ！　勝つ！**」というポジティブ思考の発動後に続く決まり文句は、「**たくさん勝つ！**」「**勝ちすぎ**」「**勝ち続ける**」である。

なぜ勝ち続けられるのか。トランプ定番の回答はこうだ。

「**なぜなら、われわれがアメリカを再び偉大にするからだ。かつてないほど偉大にするのだ**」

しかし、それでは理由にならない。勝つ根拠とはなにか。どんな事実にもとづいているのか。ピールは著書でこの質問に対して明確な答えを用意している。

「**考え方は事実よりも重要である。このことばが、真実だと理解できるまで繰り返してみるといい**」

真実は事実のなかにはない、考え方の中にあるというのだ。だからといって、「事実に対する客観性を失うことはない」とピールはいう。

■「不安の大半は精神的なものである」

大事なのは「**勝利の考え方を示す**」ことにあるとピールはいう。

勝利の考え方をもっていない人とは誰か。それは「劣等感の犠牲者である」。同時に「人はだれでも劣等感をもっている」とする。

では、劣等感を持つ人の何が問題なのか。

「違う色の眼鏡を通してすべてをみている」点だとピールはいう。それを「矯正するには、普通の視点を取り戻す必要がある。そのためにつねにポジティブな考え方をしなければならない」

つまり、劣等感の強い人は事実を事実としてみていない、視点が間違っているといっているのだ。人が事実を事実としてみるためにポジティブであらねばならない。劣等感を克服すれば、**「事実がまったく違ってみえてくる」**という。ポジティブ思考者にとって、その事実こそ唯一の〝正しい事実〟なのだ。

だから、どれだけ〝一般的な事実〟を無視して話しても、ピールの弟子トランプは自信満々なのだ。

ピールの説教を聞いた人は、これはただの精神論ではないかと思うかもしれない。そのとおりである。精神論なのである。**「不安の大半は精神的なものである」「障害をどう考えるかは精神による」**とピールが記すとおりだ。

あるとき人から相談をうけたピールは、あなたの問題は精神的なものだと答えた。しかし、相談者は納得せず、こう反論した。

相談者「私の問題は精神的なものではありません。私の問題は現実的なのです」
ピール「おそらくそうでしょう。しかし、その問題に対するあなたの態度は精神的です」
この究極の精神論こそ、トランプの思考そのものである。
「細部にこだわらない」というトランプの説得術も師匠の影響がある。その前提として、ピールのいう**「問題を深刻に考えない」**、そして**「最も大切なのは心を空っぽにする」**というポジティブ思考の奥義がある。

■「勝つ」対象はどうでもいい。「勝つ」という考え方が重要

「勝つ」が口癖のトランプだが、いったいトランプは何に勝とうとしているのだろう。トランプの連呼する「ウィン（勝つ）」はいつも自動詞で、目的語がない。

だが、これもトランプがピールの弟子であることを思えば当然である。トランプにとって重要なのは、ピールのいう「勝利の考え方」そのものなのだ。勝つ対象など存在しないのである。

「自ら、勝つために必要なもう一つの要素は簡単だ。つまり、勝とうとする姿勢を持つことだ。私はみんなに、『自分は勝っている』と思えと教えている。ポジティブ・シンキングには効果がある。大きなパワーを持っている。物静かな人だろうと社交的な人だろうと、勝つため

にはそういうパワーが必要だ。パワーは強みであり、ポジティブに考えることでかなりむずかしい状況も乗り切れるようになる」（『あなたに金持ちになってほしい』）

何かに勝つではなく「自ら、勝つ」のだ。そのためのパワーを引き出すのがポジティブ思考なのである。

師匠ピールのことばを借りれば、「解決するパワーはあなた自身の中にある」のだ。

そのパワーがトランプのなかで最高にみなぎった発言を引用しよう。

「私は勝つ、勝つ、つねに勝つ。ゴルフであれ、テニスであれ、人生であれ、最後は私が必ず勝つ。私はつねに勝ち続ける。私はつねに勝つとみなにいう。いつもそうだからだ」（『Trump Nation』 未邦訳）

トランプにとって、勝つことこそがつねに真理なのである。

では、選挙スローガン「アメリカを再び偉大な国にする」とは何を指しているのか。これもピールの本を読めばわかる。それは「新しい枠組み」のことだ。「（勝利という）ポジティブな考え方を提示し、その考え方によって、事実を新しい枠組みに変える」のがトランプの目指す

「偉大な国」だ。

「勝つ＝考え方」を連呼し、国民の潜在意識に吹き込むことで、「再び偉大な国＝新たな枠組み」になることを信じることができるのだ。

■「問題を見上げるのではなく、見下ろすのです」

次のようなピールのことばもまたトランプ思考の原型となっている。

「問題はつねに上から攻め落としましょう」
「問題を見上げるのではなく、見下ろすのです」

「アメリカを再び偉大に！」という表現も、高所からアメリカを見下ろす象徴的なことば（選挙スローガン）にほかならない。

では、このような象徴的スローガンの奥にあるトランプの真意はなにか。

アメリカに漂うネガティブな思考を除去することにある。アメリカがもはや偉大な国でない、と思っているような劣等感を根絶しなければならない。

だから、「アメリカを再び偉大に！」は命令形（英語ではMake America Great Again!）なのだ。直訳すれば、「偉大にしろ！」である。このスローガンのルーツは、ロナルド・レーガン大統領の選挙スローガン「アメリカを再び偉大にしよう！（Let's Make America Great Again!）」にある。

ただし、トランプはそこから「レッツ（一緒にしよう！）」を取りのぞいた。レーガンのように、大統領と国民が一緒になってアメリカを偉大にしようという姿勢はトランプには生ぬるいのである。

大事なのは「偉大にしろ！」という命令である。トランプから国民への命令ではない。国民一人一人が自分に向かって命令しなさい、といっているのである。

これはある種の呪文のようなことばだ。誤った、ネガティブな考え方をアメリカ人から除去するための呪文である。

しかしなぜ、ネガティブな考え方は誤っているのか。

ピールはこう述べている。

「考え方が間違っていれば、その考えは間違っていて正しくないので、間違っている限りは正しい結果をえられない」からである。

聞いているほうは、一瞬なにを言っているのかとまどってしまう。同じことを繰り返しているだけで、いわゆる堂々巡りなのだが、じつはこの堂々巡りこそポジティブ思考の核心にある。**ポジティブ思考とは精神論のトートロジー（同語反復）なのだ。繰り返すことで、その考えを自分の中に問答無用にしみ込ませる**のである。

師匠ピールと弟子トランプも当然そんなことはわかっている。「過ちからは正しい結果をえられない」、そして「間違ったものから成功をえようとしてはならない」と彼らはかたく信じているのだ。

■「潜在意識に立ち向かえ」

ポジティブ思考の究極の目的は、「人生において成功と幸福を手にする」ことである。「人は考え方によって成功し、幸せになる」のだ。

トランプは、アメリカ国民に再び偉大な国になることを信じさせようとした。それによって、**アメリカ人全体が「もっと成功と幸福を手にできる」という枠組みを潜在意識に植え付けようとしているのだ。**

潜在意識とは何か。ピールの『積極的考え方の力――ポジティブ思考が人生を変える』にはこう説明されている（一部抜粋）。

「潜在意識ほど嘘つきなものはない。潜在意識はあなたの能力を過小評価してそれを伝えてく

るからだ。潜在意識の中でネガティブな考え方を作り出している。だから潜在意識に立ち向かい、こう言おう。『いいかい、私は自分が信じると主張するものを信じるんだ』。ポジティブな態度で潜在意識に話をすればそのうち潜在意識の方も納得するだろう。なぜなら今あなたは潜在意識にポジティブな考えを送り込んでいるからである。潜在意識をポジティブなものにするのには弱気な考えやネガティブなことばを除去するようにするのが効果的である」

しかし、人は不安や恐怖を感じれば、弱気になったりネガティブなことばを発したりするものである。そう簡単に除去できるものではない。そこでピールは次のように同書で述べる。

「大胆になれ。そうすれば大いなる力があなたを助けてくれる」
「恐ろしいと思うことをしなさい。そうすれば間違いなく恐怖を克服できるだろう」

あえて「大胆に」「恐ろしいと思うこと」をすべきとはまさに超ポジティブな命令である。トランプの恐れを知らぬ、大胆不敵な言動もここからきているのである。

トランプの話術の特徴である「繰り返し表現」もピールの教えだ。繰り返すことで、「ことばの力を活用」できるとピールは述べている。同書では、生き方を変えるためには「1日10回そのことばを復唱しよう」ということが推奨されている。

復唱や暗唱をやっている人はいるだろう。でも、たいていそれは一人になったときにするもので、人前では声に出さずにつぶやいたりするものだ。しかし、トランプは違う。聴衆の前で、テレビやネットを通じて世界に向けて、「勝つ！」「偉大な国にする！」と何度も何度も復唱するのだ。

■トランプのスピーチの催眠術効果

これまで述べてきたピールの教えは、自己暗示、いわゆる古典的な催眠術のテクニックと似ている。

実際、精神医学会は、ピールの説くポジティブ思考とは詐欺的な催眠術にすぎない、と長年にわたって批判してきた。

ポジティブ思考や説教という名を借りて、相手に催眠術を施している、というのがその理由だ。相手を暗示にかけるには、「何度も何度も繰り返す」のが鉄則だからである。

実際にトランプのスピーチを英語で聞けば、政治家の演説というより、新興宗教の教祖の説教に近い。もっと正確には、集団催眠マスターの実践現場といっていいかもしれない。彼がかろうじて、そうみなされないのは、「勝つ！」と「偉大な国にする！」といったスピーチの合間にポジティブなユーモアをとりいれているからだ。

「あまりに勝ちすぎるので、みなさんは勝つのが嫌になって、勝ち疲れしてこう言うだろう。『大統領閣下、もう勝ちすぎています。これ以上、勝利は欲しくありません。大統領、もうこれ以上、勝利はうけとれません』。でも私は気にもとめない（会場笑い）。勝ち続けるのだ」（2016年4月17日、ニューヨーク州での演説）

これも催眠術のテクニックである。**ストレスとリラックスを交互に入れて混乱させることによって、より深い暗示をかけられる**からだ。トランプがそのことを知っているかどうかはわからないが、より深い催眠をかけるために、ユーモアを盛りこんだ巧みなポジティブ催眠術を実践しているのかもしれない。

■ポジティブ思考の背後には恐怖がある

ポジティブ思考の特徴は、ポジティブであることの強調だと思われている。それはまちがっていない。だが、もっと重要なことがある。

じつは**ポジティブ思考とはネガティブであることを絶対的に否定することだ。**「人生や国家において問題があるなら、それはすべてネガティブな考え方のせい」というわけだ。

ただし、ポジティブが善で、ネガティブが悪であるという思考にとらわれすぎると、自信過剰になる。

その結果、人から忠告をうけても耳をかさない。自己批判する能力、批判に対処する能力が欠如してしまうのだ。

たとえば、ネガティブなコメントをされたときのトランプの過敏な反応をみてもわかる。自己イメージが一番重要だから、それが傷つくようなことは一切許されないのだ。

師匠ピールも批判に直面したときは、「とげとげしい態度」で反論、応戦したことで知られている。

ポジティブ思考の人は、ためらわずに信仰心より自我を優先する。といっても、アメリカ人の「信仰心」は、日本人の考える敬虔さとは異なる。日本人の場合なら、いわば世間体や建前に近い。しかし、トランプはそんな信仰心に配慮するよりも、自我をストレートに押し出す。

そして自ら率直に**「自我は悪いことではない」**と語り、**「成功者はみな自我が強いんだ。自我の強くない成功者に会ったことがない」**（１９９９年10月8日、「ＣＮＮ」インタビュー）と断定する。

ポジティブな自己イメージを貫き通せば、絶対的な自分への自信によって羞恥心もなくなる。

こうしてみると、**ポジティブ思考の背後には、ネガティブなものへの怯えや恐怖がひそんでいることがわかる。**ポジティブと言いつつ、それを支えているのはネガティブな考えを聞いたり、ことばに発したりすることへの恐怖なのだ。その**恐怖を沈めるために、ポジティブなことばを復唱し、ネガティブなことばの全否定を繰り返している。**

1章でトランプが「決して謝らない」ことを説得術として用いていることを紹介した。そこにもじつは、謝るというネガティブなことばと行為への恐怖がひそんでいるととらえられる。ピールの『積極的考え方の力――ポジティブ思考が人生を変える』に登場する人物も、みな不安や恐怖を抱えている人たちばかりである。

その感情をネガティブとみなし、克服する方法がポジティブ思考なのである。

しかし、いくらポジティブなことばで恐怖を隠そうとしたところで、恐怖を完全に克服することなどできない。

ポジティブになろうとすればするほど、恐怖もまた増幅する。そうなると、さらにそれをポジティブなことばで覆い隠そうとする。そうした繰り返しが際限なく続けられるのだ。

■「エネルギー漏れがない男」こそが人間の理想像!?

ポジティブすぎる人間は一皮むけば、小心者だったり、不安におびえた人間だったりする。

別の見方をすれば、頑固すぎて、個人的につきあいたい人物でなかったりもする。そうしたネガティブ思考全否定の裏返しとしてのポジティブ思考というパーソナリティは、扱いづらい。

事実、トランプも「扱いづらい」人物である。立候補した共和党から、メディアから、世界中の国々から発信されるさまざまなトランプ批判を総括すれば、「扱いづらさ」の一言に集約できる。

しかし、ポジティブ思考をきわめたトランプのすごいところは、その危ういパーソナリティを自覚し、それさえも超越してすべてを肯定してしまっている点だ。

トランプという頑固者で扱いづらい人物像をそのまま表したような本人の記述がある。

「私は莫大な借金を抱えたことがある。その時、私は『頑固者』になって、気持ちの落ち込みに負けないようにした。とにかく否定的な考えに陥ることを拒んだ。問題を解決することに集中し、今のこの状況を乗り越えて復帰を果たし、これまで以上に成功するぞと自分に言い聞かせた。そして、実際その通りになった。新聞や雑誌がトランプはもう終わりだと書き立てたが、それでも私はそのことを絶対に認めなかった。私の現実で大事なのはどんな夢を持つかであり、いくら稼ぐかではなかった。そして、私は勝った。あなたは勝者になれるだけの頑固さを持ち合わせているだろうか」（『あなたに金持ちになってほしい』）

扱いづらさのもう一因は、この発言からもにじみ出るというより、あふれ出してくるようなエネルギーの多さだ。エネルギッシュといえばほめことばになるが、あまりに過剰で暑苦しいほどだ。

世の中には、そこまでして自分に勝利したくない人、身の丈でいたい人もいる。肩肘はらず、ナチュラルに生きたい人にとっては、勝利の生き方の強要は余計なお世話だと感じるだろう。端的に言えば、ただウザイだけだ。

しかし、そう感じる人たちは、ポジティブ思考法ではエネルギーのない人間だと断定される。ピールが言うように「エネルギーを失うのは感情が不安定だから」なのだ。トランプのように湧き出るエネルギーこそ、ポジティブ思考を働かせるための要である。『積極的な考え方の力』では、エネルギーの重要性が繰り返し強調される。

ポジティブ思考の方法で大事なのは、「つねにエネルギーを保つ」ことだとしたうえで、**「エネルギーを生み出すために力強い考え方を頭に送り込む」**ことが必要である。

「罪や不安から人を解放するには大きなエネルギーが必要なので、生きるための機能を維持する分はほとんどなくなってしまう。不安と罪悪感によってエネルギーが差し引かれてしまえ

ば、仕事のために使う分も残らない。その結果、すぐに疲れてしまうのだ」

そうならない「エネルギー漏れのない男」こそ、ポジティブ思考の理想像なのだ。
4章で述べたように、共和党予備選当初、最大のライバルであったジェブ・ブッシュに放った悪口表現「ロー・エネルギー」（覇気がない）を思い出してほしい。「エネルギー」ということばを使っている。それにロー（低い）をつけて、ポジティブ思考法からすれば最悪の「エネルギー漏れのある男」と表現したのである。そんな弱い人間は大統領にふさわしくない、と断罪しているのだ。

逆にいえば、そのエネルギーが頂点に達したトランプにとって、大統領への道を選ぶのは自然な選択である。世界最強のアメリカという国家の統治は最もエネルギーがいる人物が果たすべき職務にほかならない。

大統領になるための選挙戦略は当然、これまで解説した自身の思考法を存分に発揮したものである。「アメリカを再び偉大にしろ！」と自分に日々命令しながら、ポジティブ思考のエネルギーを全力注入しているのだ。

■ネガティブな話題で劣等感と無力感を刺激

だが、そんなポジティブ思考のトランプのはずなのに、スピーチでは続けざまにネガティブな話題をくりだす。それはなぜなのか。

その理由は、トランプの一連の政治集会を聞いてみればわかる。

集会の前半、トランプの演説は一貫してネガティブ調である。

個々の発言にとどまらない。話すトーン、話す内容、話す表情、そのすべてが暗く、ネガティブなのだ。

実際の暴力事件、悲惨なテロ、貿易交渉での敗北、諸外国に劣るインフラ、高い失業率……アメリカの弱さ、アメリカ人の無力さを象徴する事柄をただひたすら繰り返していく。

じつは、これこそトランプが師匠ピールから借用した演説手法である。トランプが「最も偉大な演説家」と呼ぶピールは言う。

「まず重要なのは、人はなぜ自分が無力の感情を持っているか、その理由を発見させることだ」「恐れによって、刺激を与えよ」（『Positive Thinking Tips: How to Fight Your Fears』未邦訳）

そうなのだ。トランプが無力さを象徴する物語から演説を始めるのは、この手法を採用しているからなのである。まず、人々に無力感を感じさせようとしているのだ。

もちろん、聴衆の中には無力感を感じていない人もいるだろう。そういう人さえも、無力感に打ちひしがれるようなエピソードを次々とくりだして、聴衆みんなを無力感の奈落へと誘うのだ。たとえば、次のようなフレーズを使って。

「アメリカは中国に殺られている」（２０１５年６月15日、大統領選出馬表明演説）
「アメリカ人はメキシコに仕事が奪われている」（同）
「アメリカが最後に日本に勝ったのはいつのことか」（同）
「彼らはアメリカを攻撃する」（２０１６年４月25日、ロードアイランド州での演説）……

大統領候補の演説とは思えないほど、敵対的で暴力的である。しかし、トランプが本当に言いたいことは、敵や暴力についてではない。

敵や暴力を強調するのは、もともとポジティブなアメリカ人から無力感を引き出すための装置に過ぎない。「ああ、だめだ、おしまいだ」と思わせるための仕掛けなのである。

では、無力感を刺激することによって、トランプは何を引き出そうとしているのか。

それは劣等感である。

アメリカ人に劣等感を抱かせるためには、アメリカより優越な存在、強い存在を設定すればいい。

だから、トランプは日本や中国、メキシコといった国々をアメリカに優る象徴として提示し、移民やイスラム教徒やテロリストを、アメリカに脅威を及ぼす暴力的存在としてアピールするのだ。

事実としてみれば、これは大げさな表現だ。現実にはアメリカが経済的にも軍事的にもいまだに世界最強であることには変わりがない。しかし、これまで述べてきたとおり、事実や正確さ、詳細さなどはトランプにとって何の意味もない。

アメリカを脅かす敵や暴力が無数に存在している。何度も繰り返し、そう言われ続ければ、外国に一度も行ったことのない平均的アメリカ人は不安になる。「いつのまにアメリカは劣った国になってしまったのか」「このままではアメリカ人はやられてしまう」と。その劣等感や不安感の行きつく先が無力感である。

■全アメリカ国民を無力感の患者にする

さらに、トランプの師匠ピールは、無力感を感じさせた後に行う手法を提示している。「無

力感の原因を発見させる」プロセスである。

無力感の原因は何か。誰が責められるべきなのか。トランプに指摘されるまでもなく、答えはひとつしかない。

「政治家」である。

有史以来、国に問題があれば、その責任は政治家にあるというのがお決まりだ。

そこで、聴衆がすでに発見している答えを、追認し、補強するのがトランプの役割だ。

なぜアメリカが負け続けるのか。

トランプは、既存の政治家が**「負け犬だからだ」「バカだからだ」「無能だからだ」「心が歪んでいるからだ」**と描写していく。

そしてその責任を、ブッシュやオバマ、クリントンをはじめとする、これまでの政治家（インサイダー）に押しつけていく。彼らこそが負けた原因をつくったのだから、彼らに劣ったアメリカを治すことはできない。

聴衆は沸く。「そうだ！　その通りだ!!」と。ここでの主人公はトランプではない。トランプは狂言回しの役割を演じているのだ。

感情が高ぶったところで、師匠ピールの教えどおり、次のステージに入る。

「恐れによって、刺激を与えよ」である。

もうおわかりだろう。ポジティブ思考法の対象（「ポジティブ療法の患者」といっていい）は、劣等感の犠牲者であり、不安や恐怖でおびえている人たちである。

アメリカ人全体にポジティブ思考の威力をえさせるには、その患者数を飛躍的に増やさなければならない。

そのためにトランプは〝不吉な予兆〟を語る。その一部はすでに起こっている現実として描いていく。

「何か悪いことが起こっている」（2016年1月30日、アイオワ州での演説）
「事態はさらにさらに悪くなっている」（同）
「犯罪があちこちで起こっている」（2016年3月13日、オハイオ州での演説）
「人々が負傷している」（同）
「殺人がここあそこで起こっている」（同）
「人々が死んでいく」（同）
「何度も『世界貿易センター』（筆者注：9・11のこと）が起こる」（2015年12月4日、ノースカロライナ州での演説）……

聴衆は熱狂する。

「そのとおりだ！」と悲痛な叫び声が聞こえる。

不吉な予兆と恐怖の現実の境目のない物語を通じて、人々の精神をネガティブ思考の淵に追い詰めていく。

会場のネガティブ・ムードが頂点に達したそのとき、トランプは指を突き立てる。表情は深く熟考した哲学者のそれに変わる。

そしてモノトーンに抑えた声で発する。

「（そうしたネガティブな出来事は）すべて終わりを迎える」（2016年1月30日、アイオワ州での演説）

これは政治家の公約ではない。予測でもない。意志表示でさえない。すでに自明の現実なのである。ポジティブ思考を信じる者にとって、これこそ〝正しい事実〟なのである。

トランプは極度の緊張状態を作り、聴衆を一種のトランス状態に導く。そのトランス状態の瞬間を逃さず、聴衆の価値観をトランプが思う方向に捻じ曲げるのである。そしてトランプのポジティブ劇場が開幕する。

「私はあなたに保証する。これから先、誰もわれわれに盾突かない」（同）

聴衆は「トランプ！」と叫ぶ。「勝利！」と叫ぶ。

そしてお決まりの**「勝つ！　勝つ！　勝つ！　アメリカを偉大な国にしろ！」**で締めくくるのだ。

トランプの説教を通じて、ネガティブさの頂点を乗り越えた聴衆は、一体となって絶対的なポジティブ感をえる。得体のしれないネガティブ思考の苦しみからの脱出に成功するのだ。

■治療できるのはトランプだけ

つまり、**トランプの一連のネガティブ発言は、ポジティブ思考に導くための序曲**にすぎなかったのである。

そのネガティブ発言が頂点に達したとき、一方で反トランプの抗議の声も絶頂に達する。不穏な空気が流れ、暴力沙汰が起こることもある。しかし、そうした敗者は追い出され、その場はあたかも敗北自体が消え去ったような雰囲気になる。抗議運動自体も、ポジティブ思考に導くための舞台装置なのだ。

残った支持者は勝利に酔い、過剰な自信に満たされる。

これは言うなれば、トランプ教会だ。自信というエクスタシーこそが、究極の勝利なのだ。トランプ教とはポジティブ思考の信仰だ。人生のあらゆる場面で、あらゆるレベルで、全ての時間を通じて、ポジティブ思考によって「自ら、勝利する」のだ。

ある一面、トランプは師匠ピールを超えてしまったのかもしれない。ピールが少人数向けのポジティブ催眠術の達人だったとすれば、トランプはそれを巨大な集団に施す術を身に着けた。大統領選を通じて、アメリカ人全体をポジティブ思考法の患者にすることに成功したのである。

そして現在、トランプにとってアメリカとは、無力感にとりつかれた患者集団のような存在となった。それを治療できるのはトランプしかいない。

Donald John
Trump

最終章

新たなトランプ像

■サラリーマンのようなトランプ

ここまで読みすすめてきた読者は、筆者の説得術に影響され、トランプに対する認識をすっかり改めている頃だろう。それでも時がたてば、いずれ多勢の声に傾いてしまうかもしれない。「トランプが大統領になれば何をしでかすかわからない」「トランプは何をするかもっと具体案を述べるべき」といった意見だ。

これは何も日本に限った話ではない。トランプに直面する当事者であるアメリカ人のほうがもっと切実である。筆者がワシントンで親交のある研究者はいみじくも、こんな悩みを語ってくれた。「トランプが大統領になる世界が怖くて仕方がない。自分の子どもたちや将来の世代のことを考えると、夜も眠れない」

彼は頭脳明晰であるが、真面目なタイプである。「トランプ＝お先真っ暗」という思考回路から抜け出せないのだ。どんなに頭脳が明晰であろうと、いや明晰であればあるほど、トランプの一貫性のない、非論理的にみえる話法は、理解しがたく思えてくるだろう。

けれども、これまでみてきたように、トランプの話法の背後には、じつは緻密な説得術が存在する。本書で説いたように、彼にも説明してみたが半信半疑だった。

彼のようなタイプの人間には論理的な説明方法のほうが効く。実際、これから述べるような解説をしたところ、納得してくれた。

そこで最終章では、この角度から新たなトランプ像についての提示と説得をこころみたい。まず、そうした「トランプが大統領になった場合」を心配する多数意見について、企業の経営者選びに置き換えて論破してみよう。

たとえば、ある会社の新社長をヘッドハンティングするとする。実際に社長に就任するのは1年後だとしよう。その際、選考に携わる人たちは、現時点で社長になった後の詳細プランを候補者に求めるだろうか。社長になってはじめて、現状入手できない詳細情報にアクセスできるし、右腕になる優秀なスタッフからの事業分析やサポートをえることができる。そうした情報や環境、経営者としての権限をえて、具体的な事業計画を立てることができるのだ。だから候補者になった段階では、まだ誰もそこまで求めないし、求めること自体が非現実的である。

大統領とてまったく同じである。選挙に勝ち、大統領としての職務をえてはじめて、具体的なプランを立てられるのだ。といっても、何でもできるわけではない。社長が株主、取締役会から監視をうけるように、大統領は議会と司法からたえずチェックされる。

トランプの、アメリカ大統領らしからぬ暴言を心配する声も多い。「悪口をいつまで続けるのか」「それではクリントンに勝てないのではないか」と問われたトランプはこう答えている。

「私は17人もいた対抗馬を一人ひとり、〝ノックダウン〟させてきた。正直にいうけど、やる

べきこと（悪口のこと）は、やらないといけないでしょ。これ（悪口のこと）を始めたとき、みんな私のことをプロの政治家ではないといっていた。（中略）でもそうやって一人ひとりに勝ってきたんだ。ヒラリーにこれをはじめるときもみていてくれよ。世論調査で支持率が上がっていくから」（２０１６年６月１日「ＦＯＸニュース」インタビュー）

トランプの立場から考えれば、きわめて率直な発言だ。

「今日のやることチェックリスト」をひとつずつつぶしていくサラリーマンの日常と同じようなトランプの日々が目に浮かぶ。トランプは対抗馬に悪口をひとつずつつけていっては、演説や討論会で発言する。マスコミに取り上げられては、それをツイッターでリツイートして拡散する。そんな地道な作業を１年以上、継続しているのだ。

どうみても、とても勤勉で、マメで、着実に丁寧な仕事をするタイプの人間なのである。

■トランプ劇場と日本の劇場型政治の違い

トランプ人気を「トランプ劇場」の一言で安易に片づけてしまう人もいる。

日本でも小泉劇場、橋下劇場、小池劇場と形容される劇場型政治がある。

しかし、日本では自民党の総裁選にせよ知事選にせよ、選挙キャンペーン期間はアメリカ大統領選に比べれば、きわめて短い。立候補から投票日まで、わずか1、2週間程度のこともある。アメリカ大統領選は、その何十倍の1年以上にわたる超長期戦だ。

しかもアメリカ51州において、政党別の予備選と政党代表者同士の本選を勝ち抜かねばならない。そのため多種多様な51州向けの地域差に応じたシナリオや演出づくりに加え、男女差、年齢差、人種差、所得差、宗教差などの要素も考慮しなければならない。

また、共和党支持州と民主党支持州はほぼ固定している。ただ、一部の州（ステート）ではどちらの党の候補者を選ぶか、4年に1度の選挙のたびに変わる。

それらの州はスイング・ステート（浮動州）と呼ばれ、候補者によって選ぶ政党を変える有権者が多い州なのだ。ある意味、浮動州の代議員で過半数をとったら勝ちなのだ。そして、スイング・ステートの多くは不法移民による失業問題を抱えている。

2016年11月の大統領選挙とは、移民問題の本質的な解決策を持つ大統領が選ばれるのである。1章冒頭で紹介したとおり、このテーマを設定したのはトランプである。本選のスイング・ステートでの勝利に向けた楔を2015年8月の最初の討論会時点で打ち込んでいたのだ。最終決戦に焦点を合わせ、重要テーマで鍵を握っているのはトランプなのだ。

以上のとおり、アメリカ大統領選では、長期的な戦略性と緻密さが求められる。

これだけでもトランプが、日本のマスコミが〝ひどい扱い〟をしているような候補者でないことがわかるだろう。きわめて知性の高く、まともな人物でないかぎり、これほど周到に先手を次々と繰り出せるはずがない。

それはお金の使い方にも表れている。決選を制す浮動州での活動に予算を集中し、クリントンの選挙費用の4分の1以下で済ましている。クリントンは、全米のトランプのネガティブな広告のために主に大企業からつのった何百億円もの選挙資金を投じている。テレビ局の大スポンサーとなることで、マスコミを味方につけるためだ。一方のトランプは反クリントン広告を一切うっていない。3章で解説したとおり、予算ほぼゼロの「黒ブランド戦略」で成果をあげているのだ。

「ヒラリーから5万5000回、ネガティブ広告の攻撃をうけてきた。それなりに僕はよくやっていると思うよ」（2016年6月1日「FOXニュース」インタビュー）（ちなみに、オバマ大統領は再選キャンペーン（2012年）ではトランプの現状の10倍の資金を費やしていた）

それでもまだ、「狂気のトランプに核の発射ボタンを持たせれば、世界は終わり」とまで非難する人もいる。しかし、本当にそうだろうか。

トランプは不動産ディベロッパーとして、何十年も国際的にビジネスを行い、さまざまな国の企業や政府当局と交渉してきた。その結果、アメリカ国内外に十億ドルを超える資産を所有するに至った。だが、その過程で生じたトラブルがとんでもない国際問題に発展したことなどという話は聞かない。トランプが突如発狂して巨大プロジェクトがぶっ飛んでしまったという話も聞こえてこない。

60歳を過ぎた人間（トランプは現在70歳）が、大統領になったからといって突然、人格が変わることはふつうない。そもそも子どものときからそう人間、変わらない。トランプ自らこう発言している。

「小学校1年生のときの自分と現在の自分を比べてみると、基本的に同じだ。気性はそれほど変わっていない」（『Never Enough』の著者マイケル・ダントニオのインタビュー）

トランプが大統領になったら、日本、世界はどうなるのか。これまで述べたとおり、トランプは大統領選挙における戦術や方法を自らオープンにしているような人物である。その方法とは悪口説得術だけではない。最初に大きなオファー（取引の条件）を提示する交渉術だ。全著書でそれが自分の得意技だと書いてある。

しかも、選挙期間中、それを公衆の面前で絶えず発表している。**わかりやすく言いかえれ**

ば、「これが私の条件です。説得のテクニックです。さあみなさんにお見せしましょう」と種明かしししているのだ。

実際、世界の政治家たちはトランプを全く恐れていない。なぜなら**指導者とは多かれ少なかれトランプと同じように説得術を行使して、選挙に勝たなくてはならないから**だ。トランプがなんのために暴言ととられるようなことを述べているのか、政治家なら経験的に理解できるからだ。

いみじくも、橋下徹元大阪市長はトランプについて次のように肯定的に述べている。以下発言の要旨を紹介しよう。

「クリントンやブッシュ、オバマにしても、これまでのアメリカの政治家はキレイな言葉を使って、現実の課題を覆い隠して、上っ面のいい言葉ばかりを使っていた。（トランプは）現実の国際問題とかアメリカ国内の問題をズバッと言い当てている。言葉遣いは悪いかもしれないが、アメリカに横たわってきて、政治が解決してこなかった問題をいま、どんどん出しているだけだ」（2016年5月16日、テレビ朝日「橋下×羽鳥の番組」より）

トランプにさんざん槍玉に上げられている中国の指導者層にとっても、トランプは恐れるにたりない。トランプは米中間の最大の問題は**「中国の為替操作と国内補助金だ」「そのせいでアメリカは数百億ドルもの貿易赤字におちいり、多数ものアメリカ人の職が奪われた」**と繰り返し公言している。トランプが為替操作を中国との交渉の切り札にするのは明らかだ。ならば、もし彼が大統領になれば、中国はそれなりの対応をするだけだ。選挙期間中の候補者に反論するような大人げない対応はしない。

一方、日本の政治家の反応をみると、つくづく説得術に長けていないと思わざるをえない。たとえば、石破茂地方創生担当相（当時）は、アメリカ軍駐留経費の日本全額負担論を切り出したトランプに対し、「日米安全保障条約をよく読んで」と反論した。条文にあるとおり、「極東における平和と安全」というアメリカにもメリットがあるのだから全額負担はおかしいという論拠だ。

そんな細かい話ではない。**最初に自分の望む最大の条件を提示するのがトランプの交渉術である。**自分に最大の政治的利益をもたらす条件を述べただけだ。それによって国民の支持が高まるという意味である。

トランプの政策を一言でいうなら、「アメリカ・ファースト」（アメリカ第一主義）である。アメリカ国民の1ドルたりとも外国人の命を守るために使いたくない。そんなお金があるなら、国内で使いたい、と言っているのである。次のトランプ発言を読めば、その真意がわかる。

「みてみろ！　アメリカの国中に今にも壊れそうな橋があちらこちらにある。中国にあるピカ

ピカの巨大な橋に比べれば、われわれのジョージ・ワシントン・ブリッジ（アメリカを代表する名橋）なんて、ポテトにみえる。われわれはもう裕福な国ではないのだ」（２０１５年６月16日、大統領選出馬表明演説）

■大統領選テーマは「雇用」と「税金」

大統領選のテーマは単純化すれば「雇用」と「税金」の2つしかない。

仕事は増えるか減るか。増税か減税か。つまり、「収入」と「支出」という国民の生活に直結する二大関心テーマこそが、大統領選の最大の争点なのである。

日本のメディアや政治家は大統領選を「外交・軍事」といった専門的な文脈からみようとする。しかし、それらは大多数のアメリカ人からすれば他人事なのだ。

アメリカ軍駐留問題も結局のところ、アメリカ国民の税金使途の問題だ。

ＴＰＰ（環太平洋パートナーシップ）問題は仕事が増えるか減るかの雇用問題だ。

トランプ氏が提示する米軍駐留経費の日本全額負担論も、その文脈で理解すればいい。オバマ大統領がつくった「健康保険」の仕組みの改善も焦点のひとつだが、国民の心配事は医療費高騰で、税金と同じ支出の話である。

政治家の仕事はこうした国民の課題をみつけ、それを国民のみんなに伝えて、最後は票をもらって、これを解決していくことにある。アメリカ国民はトランプならそれができるかもしれないと期待しているだけだ。日本の立場などには最初から関心がないのである。

トランプはアメリカの国民の現実課題を一身にうけ止めている。そして、**国民に対して、いちばん課題を解決できる政治家が自分だと期待をさせるのが説得術の目的である。**

トランプはアメリカ人を代表していい取引をするといっている。彼は国民が何を望んでいるかを知っている。しかし、国民からの支持率が低い外国の指導者の場合、国民の望みが何であるかわかっていない。自信満々なトランプとの交渉では、そのことが明るみになってしまう。だから、できればトランプに大統領になってほしくないと思う。

しかもトランプが交渉人として優秀であることはすでに知られている。トランプとの交渉に負けて、悪い取引条件を飲まされて恥をかくことになるくらいなら、はじめから彼に大統領になってほしくないのが本音だ。

しかし、そんな弱音を吐くわけにはいかないので、「トランプは頭がおかしい」とか「核兵器のボタンを押す」といったばかげた非難で、トランプをおとしめようとするのだ。

以上が政治家や評論家と呼ばれる人々の反応である。

■師としてのトランプ

では、一般人の反応はどうか。

人は底知れぬエネルギーに満ちた人と接触すると、混乱してくるものだ。トランプのように、一見すると、本能むきだしで、危ない人物のようにしかみえない人物ならなおさらだ。

そんなときは、その人物をもっとクローズアップしてみるといい。試しにツイッターをフォローして、トランプの一日の言動を時間軸で検証してみよう。すると、どんな時間の隙間も惜しまず、働く、とても勤勉な人間であることがすぐにわかる。

トランプ本人もこう言っている。

「私は働き者だ。私は働くのが好きだ。自分のことを仕事中毒のようだとは思わない。実際、仕事中毒なのだ。仕事中毒であることを悪いことだとは思わない。私はアメリカのためにもっと働きたいのだ」（2016年2月18日、共和党フォーラム）

何も恐れることがないばかりか、トランプは労働者の鑑のような存在である。朝起きて働きたくないときが誰にでもある。そんな気分のときは、トランプを〝師〟と仰ぎ、繰り返し復唱するとよい。

「私は働き者だ。私は働くのが好きだ。私は◯◯のためにもっと働きたいのだ」

おわりに

最後に、本書を執筆した経緯を記す。

昨年（2015年）のちょうど今頃だ。筆者は、ドナルド・トランプ氏と大統領共和党予備選を戦っていたランド・ポール上院議員の処女作『国家を喰らう官僚たち』（新潮社）の訳書を世に問うていた。

ポール議員は「大統領にしたい政治家ランキング1位」に7度も輝き、タイム誌の「世界で最も影響力のある100人」に選ばれるなど、輝かしい政治遍歴のある人物である。

以前からポール議員の政治哲学に親近感を持っていた筆者は、選挙が本格化する前から翻訳に着手していた。いち早く日本の読者にその思想を紹介しようという目論見であった。

しかし、である。トランプと直接、初回のテレビ討論会であいまみえるや否や、ポール議員は秒殺されてしまった。

じつは両者の主張は、登壇した10人のなかで、本質的な意味で最も近い。アメリカをいちばんダメにしているのは、首都ワシントンに巣くっている特権階級（政治家をはじめとする政府関係者)、ロビイスト、既得権益者だという見解だ。

違いは表現の仕方にあった。

トランプは「彼らがアメリカを殺している」と感情論で訴えたのに対し、ポールは「(政府の権力行使を制限する)『権利章典』の価値をいまこそ思いだそう」と理性的に呼びかけた。

トランプはポールに限らず、討論相手が誰であろうと打ち負かしていく。そんな場面をいくどとなく目撃していくうちに、トランプの独自の話し方に興味を引かれていった。

繰り返しトランプの討論や演説を聞いているうちに、昔読んだ1冊の書名が頭に浮かんだ。古代ギリシアの哲学者で、説得術の創始者アリストテレスが著した『弁論術』である。読み返してみると、瞬時にしてわだかまりがとけた。トランプのあらゆる発言が、アリストテレスの教えどおりなのだ。

そんな確信を深めていった頃、その確証のために予備選終盤戦に入ったアメリカを訪れた。トランプの政治集会(フィラデルフィア)に参加した人たちから直接、話を聞いた。実際の投票所に通い、多様な有権者の意見に耳を傾けた。共和党保守系のインテリや活動家が全米から集う会合に出席したり、首都ワシントンで主要シンクタンクの研究員たちとも議論を交わしたりもした。

印象的だったのはアメリカのインテリたちの本音と建て前だ。選挙戦について何時間も議論しているのに、公式の場ではトランプ支持を誰も表明しない。そればかりか、世論調査でトップを独走するトランプの名前すら発しない。まさに腫物に触るような扱いだ。しかし、懇親会の場や個別に飲みにいくと、様相が一転する。「じつはトランプのこと、そんなに嫌いじゃないんだよね」となぜかカミングアウトしてくるのだ。必死に隠していた秘密を無意識にしゃべりだしているようだった。

その現象がトランプの説得術のなせる技なのかはわからない。ただその後、トランプの著作を読み漁った結果、本人が自ら、説得術の技法や潜在意識の操作について、きわめて自覚的であることがわかった。

さらに**1章**で取り上げたスコット・アダムス氏をはじめ、トランプ独自の言語や話術を分析した専門家の論考に触れるにつれ、彼の説得術の輪郭がより鮮明にみえるようになった。極めつきは、トランプ本人が明かした師匠の存在だ（**5章参照**）。それを最後のピースに、トランプの説得術の解明に欠けていたパズルが埋まった。

その成果が本書である。

本書の執筆は筆者にとって解毒作業のようなプロセスだった。いまでもトランプを、個々の政策面では論破すべき標的だと思っている。しかし、興味本位から始まった彼の説得術の探求に、あまりに毒されてしまったことだけはたしかだ。

最後に、編集を担当してくださった吉田知子さんに深く御礼申し上げたい。急な企画にもかかわらず、「ドナルド・トランプ　黒の説得術」の存在を温かくうけとめてくださった。見事な編集の采配のおかげで、大統領選開票日には間に合わせることができた。吉田さんとは『TPPで日本は世界一の農業大国になる』（ベストセラーズ）以来、一緒に仕事するのは2冊目となる。また、前作に続き、アシスタントの安田愛子さんにもお礼を述べたい。英語動画の口述筆記から膨大な資料整理、校正作業までサポートしてくれた。

執筆にあたり、社会心理学に造詣の深い作家の田中真知氏からは、貴重な示唆を頂戴した。アメリカ取材に際しては、共和党保守系人材とつながりの深い渡瀬裕哉氏（東京茶会創設者）とマーク・アベラ氏（ミーゼスジャパン代表）にたいへんお世話になった。御三方に感謝申し上げる。

Of Persuasion」
https://www.youtube.com/watch?v=MvVfj0ov8k8
Charisma on Command (Feb.08,2016) 「Video : Donald Trump's Debates: 5 Mental Tricks You Didn't Notice」
https://www.youtube.com/watch?v=9LR6EA91zLo
Secular Talk (Feb.17,2016) 「Experts: Donald Trump Is A Genius At Rhetoric」
https://www.youtube.com/watch?v=WP11mRdXGi0
FoxNews (Mar. 06, 2016) 「Why the 'Dilbert' creator is supporting Donald Trump」
http://video.foxnews.com/v/4788738214001/why-the-dilbert-creator-is-supporting-donald-trump/?#sp=show-clips (accessed Aug.17,2016)
Charisma on Command (Mar.07,2016) 「Trump vs Brand: The Power Of Word Choice」
https://www.youtube.com/watch?v=EgTlQgabv2o.
Gorilla Mindset by Mike Cernovich (Apr.05,2016) 「Scott Adams on Donald Trump, Mindset, and How to Win at Life: Part 1」
https://www.youtube.com/watch?v=uH3zOmYDmj0
David Dettman (May.18.2016) 「VIDEO FOX SPECIAL MEGYN KELLY FULL INTERVIEW WITH DONALD TRUMP 5172016」
https://m.youtube.com/watch?v=UGPvwdrlzCM
Charisma on Command (May.23,2016) 「Why Trump Will SMASH Hillary」
https://www.youtube.com/watch?v=LibRNYJmZ-I (accessed Aug.17,2016)
Alistair Dunsmuir (May.28,2016) 「Scott Adams: Why Hillary Clinton is awful at marketing」 https://www.youtube.com/watch?v=hwVHgjDFGwU
Michael Strong (May.30, 2016) 「Scott Adams of Dibert on Trump's Genius」
https://www.youtube.com/watch?v=uERs7AyaQmA
CBC News (Jun.05, 2016) 「'Trump will be president': CNBC journalist」
http://www.cbc.ca/news/world/trump-will-be-president-cnbc-journalist-1.3617375
Inefficient Urbanism with Kyle Zheng (Jun.08,2016) 「How Trump uses persuasion to win votes」 https://www.youtube.com/watch?v=XSrd0YrFkMY

of Them Ominous, From Donald Trump's Tongue」The New York Times
http://www.nytimes.com/2015/12/06/us/politics/95000-words-many-of-them-ominous-from-donald-trumps-tongue.html?_r=0
Jennifer Mercieca (Dec.12, 2015)「The rhetorical brilliance of Trump the demagogue」
http://theconversation.com/the-rhetorical-brilliance-of-trump-the-demagogue-51984
Merry Carole Powers (Jan.04,2016)「Donald Trump vs. America: A Side-by-Side Brand Analysis」
http://www.huffingtonpost.com/merry-carole-powers/donald-trump-vs-america-a_b_9592180.html (accessed Sep.18,2016)
Scott Adams (Jun.09,2016)「Trump: Man of Science?」
http://blog.dilbert.com/post/145668188291/trump-man-of-science
Colby Itkowitz (Apr.20,2016)「'Little Marco,' 'Lyin' Ted,' 'Crooked Hillary:' How Donald Trump makes name calling stick」
https://www.washingtonpost.com/news/inspired-life/wp/2016/04/20/little-marco-lying-ted-crooked-hillary-donald-trumps-winning-strategy-nouns/

■参考論文

Hans de Bruijn (Mar.22,2016)「Donald Trump's rhetoric: an analysis of his frames」
http://www.tbm.tudelft.nl/en/current/latest-news/donald-trumps-rhetoric-an-analysis-of-his-frames/

■参考動画

ReasonTV (Oct.06,2015)「Dilbert Creator Scott Adams on Donald Trump's "Linguistic Kill Shots"」
https://www.youtube.com/watch?v=55NxKENplG4
Jesse Lee Peterson (Oct.30,2015)「Dilbert Creator Scott Adams Predicts Trump Will Win」https://www.youtube.com/watch?v=fcbbtOGD86s
Nerdwriter1 (Dec.30,2015)「Video : How Donald Trump Answers A Question 」
https://www.youtube.com/watch?v=_aFo_BV-UzI
Thor Holt (Jun.05,2016)「Scott Adams: How to Persuade Like Donald Trump!」
https://www.youtube.com/watch?v=9Bqa6oNSrr8
Charisma on Command (Feb.01,2016)「Donald Trump's Covert Powers

『Trump：How to Get Rich』（2004）Ballantine Books
『Trump：The Way to the Top: The Best Business Advice I Ever Received』（2004）Crown Business
『Why We Want You to be Rich: Two Men - One Message』（2006）Plata Publishing
『The America We Deserve』（2000）Renaissance Books
『Great Again：How to Fix Our Crippled America』（2016）Threshold Editions

■ドナルド・トランプ関連書籍

鈴木哲『ドナルド・トランプ、大いに語る』（2016）講談社
あえば直道『トランプ革命』（2016）双葉社
Timothy O Brien『TrumpNation: The Art of Being the Donald』（2005）Warner Books
Michael D Antonio『Never Enough: Donald Trump and the Pursuit of Success』（2015）Thomas Dunne Books
Michael Kranish, Marc Fisher『Trump Revealed: An American Journey of Ambition, Ego, Money, and Power』（2016）Simon & Schuster Ltd

■新聞雑誌インターネット版・ブログ記事等

Marilyn Bender（Aug.7, 1983）「THE EMPIRE AND EGO OF DONALD TRUMP」
http://www.nytimes.com/1983/08/07/business/the-empire-and-ego-of-donald-trump.html?pagewanted=all
Stanley Fish（Aug.31, 2015）「Trump's Good Bad Speaking Style」
http://www.huffingtonpost.com/stanley-fish/trumps-good-bad-speaking-_b_8064902.html
Jon D Morris and Taylor Wen (Sep.14, 2015)「How advertising research explains Donald Trump's profound appeal」
http://theconversation.com/how-advertising-research-explains-donald-trumps-profound-appeal-47059
Think Progress(Sep.15, 2015)「What Language Experts Find So Strange About Donald Trump」
http://thinkprogress.org/politics/2015/09/15/3701215/donald-trump-talks-funny-2/
Jeremy B Merrill（Dec.05,2015）「How Donald Trump Talks」
http://www.nytimes.com/interactive/2015/12/05/us/politics/donald-trumptalk.html
Patrick Healy and Maggie Haberman(Dec.05,2015)「95,000 Words, Many

参考文献一覧

■一般書籍

アリストテレス『弁論術』(1992) 戸塚七郎訳、岩波文庫
C.G. ユング『自我と無意識』(1995) 松代洋一訳、レグルス文庫
キケロー『弁論家について』(2005) 大西英文訳、岩波文庫
ニーチェ『「古代レトリック講義」訳解』(2011) 山口誠一訳、知泉書館
ノーマン・V・ピール『〔新訳〕積極的考えの力——成功と幸福を手にする17の原則』(2012) 月沢李歌子訳、ダイヤモンド社

■公式ホームページ及びソーシャルメディア（2016年9月時点。以下同様）

・ドナルド・トランプ：公式選挙キャンペーンサイト
Make America Great Again! | Donald J Trump for President：
https://www.donaldjtrump.com/
Facebook　https://ja-jp.facebook.com/DonaldTrump/
Twitter　https://twitter.com/realdonaldtrump
ドナルド・トランプ陣営が運営するヒラリー・クリントンの公式ネガティブ・ブランディング・サイト（Lying Crooked Hillary - World-Class Liar）
https://www.lyingcrookedhillary.com/
・ヒラリー・クリントン：公式選挙キャンペーンサイト
Hillary Clinton 2016 | Hillary for America：
https://www.hillaryclinton.com/
Facebook　https://ja-jp.facebook.com/hillaryclinton
Twitter　https://twitter.com/hillaryclinton

■ドナルド・トランプ著作

『トランプ自伝——不動産王にビジネスを学ぶ』(2008) トニー・シュォーツ共著、相原真理子訳、筑摩書房
『あなたに金持ちになってほしい』(2008) ロバート・キヨサキ共著、白根美保子・井上純子訳、筑摩書房
『金のつくり方は億万長者に聞け！——大富豪トランプの金持ち入門』(2016) 石原薫訳、扶桑社
『THE TRUMP——傷ついたアメリカ、最強の切り札』(2016) 岩下慶一訳、ワニブックス
『Trump：Surviving at the Top』(1990) Random House
『Trump: The Art of Survival』(1991) Warner Books
『The America We Deserve』(2000) Renaissance Books
『Trump：The Art of the Deal』(2004) Ballantine Books

浅川　芳裕（あさかわ・よしひろ）

1974年、山口県生まれ。作家・翻訳家。ジャーナリスト。『農業ビジネス』編集長。ジャガイモ雑誌『ポテカル』編集長。エジプト・カイロ大学文学部セム語専科中退。英語、アラビア語通訳・翻訳、ソニー中東市場専門官、『農業経営者』副編集長を経て独立。著書はベストセラー『日本は世界5位の農業大国』（講談社+α新書）、『TPPで日本は世界一の農業大国になる』（ベストセラーズ）ほか多数。訳書に、トランプと共和党大統領予備選を戦ったランド・ポール上院議員著『国家を喰らう官僚たち―アメリカを乗っ取る新支配階級―』（新潮社）などがある。

ドナルド・トランプ　黒の説得術

2016年10月28日　初版印刷
2016年11月８日　初版発行

著　　者　浅川　芳裕
発 行 者　大橋　信夫
発 行 所　株式会社 東京堂出版
〒101-0051　東京都千代田区神田神保町1-17
電　話　(03)3233-3741
振　替　00130-7-270
http://www.tokyodoshuppan.com/
装　　丁　斉藤よしのぶ
D　T　P　株式会社オノ・エーワン
印刷・製本　東京リスマチック株式会社

ISBN978-4-490-20952-5 C0031